KINZAI バリュー叢書

企業経営センシング

鋸屋　弘
OGAYA HIROSHI

一般社団法人 金融財政事情研究会

はじめに

　筆者は、1988年に中小企業金融公庫（現日本政策金融公庫中小企業事業）に入庫しました。

　当時は1985年のプラザ合意に端を発する円高不況が収まり、一時4.9％と史上最低水準（当時）まで下落した長期プライムレートが入庫時には5.5％まで上昇し、ようやく景気が上向くという「バブル前夜」の様相を呈していました。それゆえ、社内外は活気にあふれ、業務も繁忙でしたが、街中で盛んに「24時間戦えますか」とCMソングが流れていましたので、何の疑問ももたず、ドリンク剤片手に業務に精励し（？）、残業代を稼いでいました。

　入庫3年目の1990年4月から2年間は審査業務を担当し、業績が厳しい企業に関する「調書」と呼ばれる審査レポートをひたすら書いていました。クリスマスイブの夜に同期と一緒に徹夜し、翌朝、社員食堂でうどんをすすっていると、雨が夜更け過ぎに雪へと変わっているのに気づき、山下達郎の歌が頭のなかに流れたことをいまでも鮮明に覚えています。

　当時、パソコンやインターネットはわが国で普及しておらず、ワープロすらあまり業務に活用されていませんでした。ポケベルや巨大な携帯電話はありましたが、対外的なコミュニケーション手段は固定電話とFAX、郵便でした。そのため情報・データの収集、社長・経理部長や上司とのコミュニケーション、データの分析・処理、グラフ・図表やレポートなどの

書類の作成・修正は、全て人手による作業やFace to Faceの対応でした。

　いま思えば非効率なことと思いますが当時はそれが当たり前で、調書が仕上がったときの感動はひとしおでした。また、担当した業種・業界に関する知見・見方、各種統計・業界調査の探し方などがノウハウとして蓄積されました。さらに職業病なのかもしれませんが、Face to Faceのコミュニケーションにまったく抵抗がなくなり（電話は嫌いですが）、聴取や交渉の勘どころなどが血肉化したような気がします。

　その後、支店で融資業務を担当するほか、組織機構・定員や融資対象業種の企画を担当したり、通商産業省（現経済産業省）に出向して企業立地に係る特別貸付・税制上の優遇措置の企画立案などに携わったり、総合研究所で地域や自動車産業などに関する論文やレポートを書いたり、統合準備室で日本公庫への統合に向けた企画立案、折衝・調整を担当したり、融資・審査とは無縁と思われる仕事を次々に経験しました。

　日本公庫が設立され厄年を迎えた後も、初めてIT企画に配属され、社内のシステム基盤の統合やメインフレームのマイグレーションの企画を務めたり、IT部署の再編統合を主導したり、浜松などで支店運営の統轄に携わったりしました。

　こうして振り返ると、人事・秘書と経理以外は経験することができました。「さすが、人事部署は私のことをよく分かっているな」と感心します。ただ、途中で労働組合の委員長を務めたり、統合後のIT部門においてUISS（情報処理推進機構が策定する情報システムユーザスキル標準）をベースにIT人材の能力開

発の体制・仕組みを築いたりしましたので、間接的に人事や人材育成も経験しています（負け惜しみ）。

　そして最後の6年間、企業支援部で再生支援に係る企画立案を主導するとともに、私が愛してやまない「現場」（さいたま・東京）において、事業性評価と経営改善・再生支援を心置きなく推進することができました。

　こんな私に様々な経験を積む機会を用意し、最後に私の希望をかなえてくれた公庫や、様々な業務に携わるなかでご支援・ご協力や叱咤激励をいただいた方々には心から感謝しています。それゆえ、公庫やこうした経営者、金融機関・支援機関の方々に恩返しをしなければなりません。

　筆者は2024年5月をもって日本公庫を退職しました。36年間に様々な業務を経験し、最後の6年間において、これまでの集大成として審査、経営改善・再生支援に取り組む機会を得、事業性評価などに関する「得難い経験」を積むことができました。しかし、退職に伴い惰眠をむさぼると、こうした経験・知見・ノウハウが枯朽・散逸してしまいます。その前に、私の経験・ノウハウなどを可視化して金融機関や中小企業経営者の方々などにお伝えし、地域経済の振興・発展の参考にしていただきたい。こうした想いで本書を執筆しました。

　少しでもみなさまのお役に立つことができれば幸甚です。

　2025年2月

鋸屋　弘

● 目　次

第1章　事業性評価って何？

1　事業性評価は「営業基盤強化」の最強兵器 2

2　事業性評価は「持続的発展」の見極め 9

第2章　事業性評価、経営改善・再生支援のポイント

1　ステップⅠ　経営・企業活動の現状把握 18

2　ステップⅡ　経営・企業活動上の課題の導出 22

3　ステップⅢ　経営・企業活動の見通しの検討 27

4　事前準備、実地調査・検証の進め方 44

5　過去の成績表にこだわるの？
　〜財務分析の位置づけ〜 46

6　粉飾だから貸せないの？
　〜信頼関係の再構築が重要〜 52

7　「課題がない企業」は存在しない 63

第3章　事業性評価、経営改善・再生支援の組織的推進

1　属人性に依存しない高度な対応の実現 80

2　失敗を糧にする企業風土の醸成 87

3　要求スキルの変容への対応 94

4　ノウハウ・ナレッジの組織共有 104

CONTENTS

第4章 理想的な事業性評価
～「誰もが納得する事業性評価」の実践～

1 「想像力」と「信頼関係」が不可欠 ⋯⋯⋯⋯⋯⋯⋯⋯⋯ 126

2 有効情報・データに基づき「真相」を探究
～第1「事実・真相の見極め」～ ⋯⋯⋯⋯⋯⋯⋯⋯ 135

3 固定観念などを排除して「未来予想図」を構想
～第2「論理的考察」～ ⋯⋯⋯⋯⋯⋯⋯⋯⋯⋯⋯⋯⋯ 141

4 内外の関係者から「高い納得感」を導出
～第3「関係者とのコミュニケーション」～ ⋯⋯⋯⋯ 148

5 まとめ ⋯⋯⋯⋯⋯⋯⋯⋯⋯⋯⋯⋯⋯⋯⋯⋯⋯⋯⋯⋯⋯⋯⋯ 162

vii

第 1 章

事業性評価って何？

1 事業性評価は「営業基盤強化」の最強兵器

　私は、わが国企業の財務状況を分析する際、「法人企業統計調査」を活用します。本書執筆時点の最新確報データは2023年度と少し古いですが、長期でみると構造的な動向がよく分かります。資本金規模別に集計した2013年度と2023年度のデータをみてみましょう（図表１−１）。

　まず資本金１千万円未満の小規模事業者ですが、企業数は23％、従業員数は24％増加しました。しかし、一社当たり使用総資本・付加価値額は、おおむね横ばいとなっています。新規創業や関連会社の設立により小規模事業者の数は増えましたが、平均的な姿としては「事業拡大や基盤強化、合理化・効率化の成果が現れず、なんとか収益を維持してきた」といった感じでしょうか。

　また資本金１千万円以上10億円未満の中小・中堅企業は、企業数こそ13％減少したものの、従業員数は10％増加し、一社当たり使用総資本は61％、同付加価値額は40％増加しています。「激しい競合に伴い企業淘汰が進む一方、生き残りをかけて事業拡大、経営改革・改善に取り組み、付加価値生産性の向上を図ってきた」。中小・中堅企業では、そうした動きがあったと考えられます。

　長期的に弱みを克服できず、脅威にさらされ、事業継続が困難になった中小企業・小規模事業者が少なくない。他方、M&Aや設備・人材・研究開発への投資などを積極的に進めて

第1章 | 事業性評価って何？

図表1−1　資本金規模別にみた企業数、付加価値額等の推移

資本金規模	年度	一人当たり付加価値額（千円）		一社当たりデータ（百万円）			
				使用総資本		付加価値額	
1千万円未満	2013	(100)	5,288	(100)	81	(100)	23
	2023	(105)	5,574	(95)	77	(106)	25
1千万円以上 1億円未満	2013	(100)	6,016	(100)	445	(100)	117
	2023	(105)	6,337	(148)	658	(126)	148
1億円以上 10億円未満	2013	(100)	8,229	(100)	6,919	(100)	1,774
	2023	(116)	9,548	(165)	11,410	(150)	2,656
1千万円以上 10億円未満	2013	(100)	6,499	(100)	605	(100)	158
	2023	(111)	7,183	(161)	972	(140)	221
10億円以上	2013	(100)	14,674	(100)	148,076	(100)	20,966
	2023	(126)	18,551	(168)	248,076	(135)	28,220

資本金規模	年度	付加価値額（億円）		企業数（千社）		従業員数（千人）	
1千万円未満	2013	〈12.7〉	396,835	(100)	1,702.1	(100)	7,504
	2023	〈13.5〉	517,426	(123)	2,091.0	(124)	9,282
1千万円以上 1億円未満	2013	〈38.0〉	1,183,223	(100)	1,008.5	(100)	19,668
	2023	〈33.7〉	1,288,010	(86)	869.9	(103)	20,326
1億円以上 10億円未満	2013	〈14.5〉	452,023	(100)	25.5	(100)	5,493
	2023	〈18.2〉	694,625	(103)	26.2	(132)	7,275
1千万円以上 10億円未満	2013	〈52.5〉	1,635,246	(100)	1,034.0	(100)	25,161
	2023	〈51.9〉	1,982,635	(87)	896.1	(110)	27,601
10億円以上	2013	〈34.7〉	1,080,987	(100)	5.2	(100)	7,367
	2023	〈34.6〉	1,322,968	(91)	4.7	(97)	7,132

出所：財務省「法人企業統計調査」（金融業、保険業以外の業種）に基づき
　　　筆者が作成
※付加価値額＝営業利益＋役員給与・賞与＋従業員給与・賞与＋福利厚生費
　　＋動産・不動産賃借料＋租税公課＋減価償却費

事業基盤強化を図り、付加価値生産性を上げている企業も相応に存在する。以上から、そうしたことが推察されます。

2023年度における資本金規模別の付加価値額の割合は、「小規模事業者：中小・中堅企業：大企業（資本金10億円以上）＝13：52：35」で、2013年度と比べて大きな変化はありません。しかし一人当たり付加価値額をみると、大企業が10年前に比べ26％増加しているのに対し、小規模事業者は5％、中小・中堅企業は11％の増加にとどまっています。

法人企業全体の付加価値額に占める小規模事業者、中小・中堅企業の割合は約7割に上り、「当該企業がわが国経済を下支えしている」という構造に変化はありません。しかし、中小企業などでは高付加価値化、合理化・効率化が遅れ、付加価値生産性が低迷しており、これが「わが国全体の生産性向上の足かせ」になっているのではないかと危惧されます。

既刊、日本政策金融公庫中小企業事業本部企業支援部『金融機関が行う事業継続力強化支援マニュアル』（金融財政事情研究会、2021年）で私は以下のとおり述べました。

「わが国の中小企業は、米国企業や大企業に比べて間接金融への依存度が高く、将来に向けて事業継続力の強化を図っていくためには、金融機関の支援が欠かせません」

「事業の持続性・付加価値生産性を高めるためには、小手先の経営改善ではなく、ビジネスモデルの変革や事業転換など抜本的な経営改革に取り組んでいかなければなりません。羅針盤一つで大海原に乗り出したヴァスコ・ダ・ガマのように、手探りでまだ見ぬ新天地を目指していかなければなりません」

「事業継続力強化の取組みは、長期の時間と多額の投資を要し、必ずしも効果が顕著に現れるわけではなく、とりわけ中小企業にとっては非常にリスクが高い取組みといわざるを得ません」

「中小企業が将来にわたって持続的発展を遂げていくことは、わが国経済にとって最重要課題であり、そうした中小企業を下支えする役割を担っているわれわれ金融機関は積極的に金融支援・経営改善支援に取り組み、しっかりリスクテイクしていかなければなりません」

長々と引用しましたが、「生産性向上への取組みに逡巡・苦慮している小規模事業者、中小・中堅企業に寄り添い、改革・革新、改善・再生を促して事業継続・持続的発展へ導く」。そうしたことは顧客企業の経営・事業運営に強い影響力をもつ金融機関の使命であると、私は痛感しています。

先ほど「長期的に弱みを克服できず、脅威にさらされ、事業継続が困難になった企業が少なくない」「設備・人材・研究開発への投資などを進め、基盤の強化／付加価値生産性の向上を遂げている企業も存在する」と申し上げました。

顧客企業のこうした動きに伴い、金融機関が直面する機会・脅威も変化しています。すなわち、事業継続が懸念される企業が増加し、貸付残高の伸び悩み、貸倒リスクの増大といった「脅威」が顕在化していますが、同時に経営改革・事業再生に取り組む企業においては信用格付けの上位遷移、資金需要の発生など「機会」が生まれています。

各金融機関は、こうした環境変化を捉え、それぞれの強みを

図表1-2 金融庁の金融行政方針（抜粋）

【2023事務年度】
　特に地域金融機関においては、地域産業や事業者を下支えし、地域経済の回復成長に貢献することが重要であり、これがひいては地域金融機関自身の事業基盤の存立に関わる問題であると再認識する必要がある。
　金融庁は、こうした観点から、資金繰り支援にとどまらない、事業者の実情に応じた経営改善支援や事業再生支援等の徹底を金融機関に促すとともに、金融機関の事業者支援能力向上の後押しや事業者の持続的な成長を促す融資慣行の形成を通じて、我が国経済の力強い回復を支え、その後の成長へと繋いでいく。

【令和2事務年度】
　今般のコロナ禍では、事業性評価や伴走支援といった金融機関の平時からの取組みの真価が問われた。危機時において、事業者のためにリスクを取り、迅速に支援するためには、平時から事業者と緊密な関係を築き、事業実態を理解している必要があることが、改めて認識された。こうした事業者・金融機関の緊密な関係構築を促し、価値ある事業の継続につなげていくことは、将来の危機への耐性を高める上でも、今後の日本経済の力強い回復を支える上でも、重要だ。

活かし、弱みを克服して、脅威の回避や機会の獲得を進め、営業基盤を維持・強化しなければなりません（図表1-2）。

　私は、「金融機関の営業基盤強化には適切な事業性評価が不可欠で、これこそが金融の最終・最強兵器（代替の利かない唯一無二の方法）である」と考えます。その理由は2つです。

　1つは、「貸付先の維持、貸付債権の健全化などを図るには、顧客企業の「事業の継続性」を見極め、経営改善・事業再生を促していかなければならないから」です。

　顧客企業が倒産・廃業する、デフォルトになることは、貸付

先の減少、不良債権の増加、利息収入などの減少に直結します。それゆえなんとしても回避しなければなりません。

業績不振・低迷を余儀なくされている企業に対しては、経営者との対話や実地調査を通じて、①経営・企業活動上の問題点や課題（取り組むべきテーマ）を把握する。そして、②経営改善・事業再生に係る計画の策定と遂行を、できるだけ早期に実施するよう経営者に促し、積極的に支援する。さらに、③アクションプランへの取組みをしっかりモニタリングし、的確な指導助言を行う。こうした取組みが欠かせません。

理由の2つ目は、「資金需要を喚起し、貸付けを拡大するためには、顧客企業の「持続的発展性」を見極め、事業継続力強化への取組みを促していかなければならないから」です。

事業継続力を高めるためには、事業の持続性・付加価値生産性を向上させ、環境変化に適応していかなければなりません。しかし経営環境の変化に戸惑い、経営判断に迷い、事業継続力強化の取組みに逡巡し、脅威にさらされてしまう企業経営者も少なくありません。

そうした経営者に対しては、まず①金融機関側から積極的に働きかけ、②ひざ詰めの対話を重ねて、将来構想や経営・事業上の問題点などを共有する。また、③事業継続力の強化に向けた課題と課題達成に必要な具体的対応策について共通認識を形成する。そして、④対応策の妥当性・実現可能性を評価し、金融・経営改善支援などに係るソリューション提案を行い、⑤経営者の背中を押して、一緒に歩んでいくことが重要です（図表1－3）。

図表１－３　某地方銀行における勉強会での質疑応答

【質問者】
　付加価値の向上が難しい業界・企業もあると思いますが、どうすればよいのでしょうか。

【筆者】
　個別企業において付加価値向上の取組みが進まないのは、なぜでしょう。経営者にとっては耳の痛い話になるかもしれませんが、私は「付加価値向上の必要性を感じていない」「付加価値向上の方法が分からない」「自社だけでは付加価値向上ができない」といったことが原因だと思います。

　「必要性を感じていない」「方法が分からない」という経営者に対しては、付加価値向上の必要性を啓発し、具体的な対応策を提案して、付加価値向上の取組みへと促すことが必要です。

　「自力での付加価値向上が困難」という経営者に対しては、計画の策定を勧め、必要な金融支援などを行うとともに、専門家やアライアンス先を紹介するなどの支援を行うことが重要です。

　金融機関としては、こうした取組みを推進していかなければなりません。

　取り巻く環境が厳しさを増すなか、金融機関が地域経済の振興・発展を支え続けるには、顧客企業の事業性評価をしっかり行い、「事業の継続・持続的発展のため、何に取り組むべきか」を企業ごとに見極めること。そして、一社一社に適合した金融や経営改善・再生支援をきめ細かく実施すること。こうした取組みの積み重ねによって、地域企業の興隆を支えるとともに、自身の営業基盤の強化・再構築を進め、顧客支援能力を高めていかなければなりません。それが地域金融機関の果たすべき責務と私は考えます。事業性評価は金融マンにとって必須のスキルであり、「AIに代替できない唯一無二の最終・最強兵器であること」を、肝に銘じてください。

第1章 | 事業性評価って何？

2　事業性評価は「持続的発展」の見極め

　そもそも事業性評価とは何でしょうか？

　人によって、金融機関によって、様々な定義がなされていると思います。したがって、本書では私見に基づく独自の定義を行います。

　私が考える事業性評価の定義は「①いかなる環境下にあっても、②事業を継続し持続的に発展する蓋然性（確からしさ）があるか、を見極めること」というものです。

⑴　いかなる環境下にあっても

　環境には「企業を取り巻く外部環境」と「企業内部の環境」があります。まず、「自然環境」「社会環境」「経済環境」といった外部環境について、みていきましょう。

　地球温暖化に伴う気象災害や大規模な地震の増加、火山噴火による広域被害の発生など、自然環境の変化の影響は年々深刻化しています。それに伴い「社員や事業所・設備・情報システム、仕入・外注先、販売先などが被災し、事業継続が困難になる」といった脅威・リスクが高まり、危機の回避や災害時の対応が不可欠になっています。しかし、地球温暖化のように不可逆的に進行するものもあれば、地震・噴火のように発生を正確に予測できないものもあります。そのため、事象ごとにリスク評価などをしっかり行い、適切な対応を準備しなければなりません。

9

人間が社会活動・生活を営むなかでの環境変化といえば、発展途上国での人口急増、先進国での少子高齢化といった人口動態、地政学リスクの顕在化、サイバー攻撃の増加・巧妙化、感染症の新規発生／広域・深刻化などがあげられます。ここ数年、社会活動などに甚大な影響を及ぼすような環境変化が生じ、事業展開の見直しや行動変容を余儀なくされています。しかし、こうした変化は決して一時的なものではありません。今後も不透明かつ予測困難な状況が続き、人口動態など不可逆的で避けられない事象もあることを前提に、事業を継続しなければなりません。

　また経済環境の構造的変化としては、例えば先進国における低成長、国内・国家間での格差の顕在化、台頭するBRICsへの依存度上昇、イノベーション・DX化の進展、対象市場における需要・供給のめまぐるしい変化などがあげられます。

　ここで重要なのは「構造的変化」です。足もとの景気変動などを近視眼的に捉えるのではなく、「自然・社会環境や経済・産業構造がどのように変わるか」「外部環境の構造的変化に伴い対象市場がどのように変容するか」を想定し、今後の「脅威・リスク」や「機会」を浮き彫りにすることが肝要です。

　このように構造的・不可逆的な外部環境の変化を的確に捉え、脅威・リスクを回避するとともに、機会をしっかり獲得しなければなりません。競合が激しい市場で機会を逸失すると、逆に脅威にさらされます。外部環境の変化に対し、指をくわえているだけでは、事業継続がおぼつかなくなってしまいます。

　次に「内部環境」について、みていきましょう。

内部環境は「経営資源」といわれるもので、具体的には経営管理体制・方法、取扱製品・サービス、人材、設備、技術・ナレッジ、仕入・外注先、販売先、連携先、ビジネスモデル、事業体制・方法といったものがあげられます。

こうした経営資源は今後どのように変化するでしょうか。

例えば、「製品の開発・拡充により競争力が高まる」「イノベーションを取り込み、設備や技術・ナレッジが強化される」といったことがあれば、「強み」が生じます。

逆に「後継者不在で、社長がいなくなると事業が継続できない」「社員の高齢化が進み、スキルレベルやモチベーションが低下する」「仕入・外注先や販売先の経営が悪化する」「事業体制・方法の合理化・効率化が進まない」といった変化があれば、「弱み」が顕在化します。

このように、外部環境変化の影響や内発的な変化によって強み・弱みが変化すると、事業継続や持続的発展に大きな影響を及ぼすことになります。

「いかなる環境下にあっても」とは、「外部・内部環境がどのように変化しても対応できる」ということです。不測の事態を生じさせないよう、想像力を働かせて環境変化の想定の範囲を広げ、確度を高めるとともに、的確な対応を準備し、迅速に環境変化に適応しなければなりません。

事業性評価にあたっては、環境変化の分析・考察をしっかり行い、今後の外部・内部環境に関する想定の確からしさをできるだけ高めることが重要です。

(2) 事業を継続し持続的に発展する

　いかなる環境下にあっても「事業を継続する」には、直面する脅威を回避し、その後の環境変化に柔軟に適応するとともに、将来を見据えて改革・革新を進めていかなければなりません。すなわち事業・財務基盤の強化により、順次「安全性・柔軟性・成長性」を高めていくことが必要です。私は、この時間軸を意識した安全性・柔軟性・成長性をひとくくりにして「事業の持続性」と呼んでいます（図表1－4）。

　まず当面の事業継続を確保するため、事業・財務基盤を強化し、安全性（耐久性・強靱性）を高めることが必要です。具体的には、①特定の事業・取引先・国・地域への依存度を引き下げる、②セキュリティ・ガバナンス・危機対応・リスク管理を強化する、③自己資本の充実、手元流動性や金融支援の確保を図る、といった取組みが重要です。

　また中長期の事業継続を確保するためには、事業基盤の改善・再構築を進め、柔軟性（環境変化への適応力）を高めなければなりません。例えば、①柔軟な働き方の実現、②設備や内製・外注の適正化、といった取組みが不可欠となります。

　そして将来の事業継続を確保するため、事業基盤の改革・革新を図り、成長性（事業の発展性）を高めていくことが肝要です。すなわち、①対象市場の見直し（新市場への進出、不採算市場からの撤退）、②ビジネスモデルの再構築、③新たな技術・ナレッジ、製品・サービスの創出、④アライアンスの強化、といった取組みを進めていかなければなりません。

図表1-4　事業の「持続性」「付加価値生産性」

事業継続力の要素		観点・ポイント
持続性	安全性	事業・財務基盤の強化により、耐久性・強靱性を高め、「当面の事業継続」が確保されるか
	柔軟性	事業基盤の改善・再構築により、環境変化への適応力を高め、「中長期の事業継続」が確保されるか
	成長性	事業基盤の改革・革新により、事業の発展性を高め、「将来の事業継続」が確保されるか
付加価値生産性	採算性	「事業の高度化」により売上単価の引き上げ、変動費の低減を進め、将来にわたる持続的発展が確保されるか
	効率性	「事業の適正化」により売上数量の増加、固定費の削減を進め、将来にわたる持続的発展が確保されるか

　事業基盤の強化／改善・再構築／改革・革新に取り組み、将来にわたって安全性・柔軟性・成長性が確保されるか。こうした観点で事業の継続性を見極めることが不可欠です。

　いかなる環境下にあっても「持続的に発展する」ためには、「事業の付加価値生産性」を高め、収益力の維持・向上を図らなければなりません。

　製品・サービスの新規開発・拡充、原価の見直し、不良率・歩留りの改善などにより売上単価の引き上げ、売上高変動費率の低減を進め、「事業の高度化」「採算性の向上」を図る。

　同時に、設備や事業体制・方法の強化・再構築、合理化・効率化などにより売上数量の増加、固定費の削減を進め、「事業の適正化」「効率性の向上」を図る。

持続的な発展を遂げるためには、こうした取組みによって事業の付加価値生産性を向上させなければなりません。

　ただ、外部・内部環境がめまぐるしく変わるなか、持続的に付加価値生産性を高めることは容易ではありません。それゆえ、基盤強化などにより事業の採算性・効率性を高め、事業を円滑に遂行するとともに、将来に向けて必要な投資を進めていくというスパイラルを定着させなければなりません。

　具体的には、まず①現行事業の付加価値生産性を高め、財務基盤を強化する。そして②内部留保などを原資に経営資源の整備・強化を図る。これにより事業の持続性が向上するので、③それを強みに事業展開を強化する。すると④事業の付加価値生産性がいっそう向上する。その結果拡大した内部留保などを原資に投資を行い、⑤さらなる経営資源の整備・強化を図る。そして、……（図表1−5）。

　このようなスパイラルが定着すると、事業の「持続性」と「付加価値生産性」が相乗的に向上します。顧客企業におけるこうした取組みに伴い、資金需要や経営支援ニーズが喚起されます。金融機関は「顧客企業が持続的に発展すること」を見極め、背中を押し、積極的に支援して、ニーズに応えなければなりません。

　以上をまとめると、「いかなる環境下にあっても、事業を継続し持続的に発展する蓋然性があるか」を見極めるには、以下の分析・検討をしっかり行い、「事業の持続性・付加価値生産性が向上すること」を客観的に評価しなければなりません。

①　財務分析・企業活動分析の実施、「現状の機会・脅威／強

図表1−5 「持続性」「付加価値生産性」向上のスパイラル

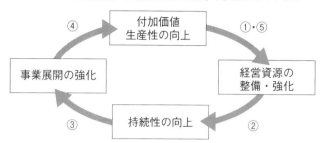

み・弱み」の抽出
② 外部環境の変化の分析、「今後の機会・脅威」の抽出
③ 内部環境の変化の分析、「今後の強み・弱み」の抽出
④ 今後の機会・脅威を踏まえた「事業展開上の課題（取り組むべきテーマ）、具体的対応策」の検討・導出
⑤ 今後の事業展開や強み・弱みを踏まえた「経営資源の整備・強化に係る課題、具体的対応策」の検討・導出
⑥ 上記具体的対応策の「妥当性・実現可能性」の評価
⑦ 今後の事業展開、経営資源の整備・強化に係る取組効果を踏まえた「今後の収支・資金繰りの見通し」の検討

なお、本項の記載については前掲『金融機関が行う事業継続力強化支援マニュアル』に具体的に著していますので、参考にしてください。

⑶　事業性評価と経営改善・再生支援をセットで

　事業性評価というと、貸付時の審査などを思い浮かべる方が少なくないと思います。確かに、貸付けの可否判断にあたっては事業性をしっかり評価し、「元利金の返済が着実に履行されるか」を見極めなければなりません。ただ、貸付時などの事業性評価の「賞味期限」は、せいぜい半年間程度です。

　外部・内部環境は日に日に変化し、半年前の予想が外れることはめずらしくありません。それゆえ、貸付後のモニタリングや日常的な営業活動を通じて経営や企業活動に関する情報・データを入手、分析・検討し、事業性評価の「アップデート」を行うことが重要です。事業性評価はある時点の「静態評価」ではなく、常に動いている事業の「動態評価」でなければなりません。

　また、計画に基づいて経営改善や事業再生に取り組む企業に対しては、モニタリングにより取組状況を把握するとともに、KPI（Key Performance Indicators。重要業績評価指標）を下回った場合には原因を特定し、改善策や計画の見直しを検討することが必要です。そして計画の見直しなどが行われれば、事業性評価を見直し、事業の持続性・付加価値生産性が確保されることを再確認しなければなりません。

　第2章でもお話ししますが、「事業性の動態評価」と金融／経営改善・再生支援をセットで実施し、顧客企業の事業継続力強化を的確にサポートすることが肝要といえます。

第 2 章

事業性評価、経営改善・
再生支援のポイント

1 ステップⅠ 経営・企業活動の現状把握

　事業性評価や経営改善・再生支援においては、「現状把握→課題導出→今後の見通し検討」という手順で事業の持続性・付加価値生産性の見極めを行うことが有効です。

(1) 財務上の問題点などの把握

　現状把握の目的は、財務分析・企業活動分析を通じて対象企業の「本質的・根源的」な優位点（機会・強み）、問題点（脅威・弱み）をあぶり出すことです。

　例えば、収支悪化要因の分析・検討を進めた結果、「景気の悪化やコロナ禍の影響を受けて売上高が減少した、利益が減って赤字になった」という結論に至ったとします。みなさんはこの結論をどう思いますか？

　私は「全然ダメだ」と思います。理由は「分析・検討が浅く不十分で、所期の目的を達成していないから」です。

　確かに収支悪化の直接的要因は「景気の悪化やコロナ禍の影響を受けたから」でしょう。おそらく、多くの企業がそれらの影響を受けて収支悪化を余儀なくされていると考えられます。しかし、本当にそれだけが要因でしょうか？　ほかに、もっと重要で深刻な要因がないでしょうか？

　例えば、「景気悪化・コロナ禍前はどうだったか」「同業他社はどうか」と問題意識をもち、中長期の分析や同業他社との比較を行えば、別の景色が見えてくるかもしれません。そうすれ

ば「景気悪化前・コロナ禍前から悪かった」「同業他社よりも悪化幅が大きい」と気づくこともあるでしょう。

あるいは一人当たり付加価値額などの財務指標の時系列推移・同業他社との比較を行えば、「コロナ禍前から同業他社より付加価値生産性が低かった」「近年低下し同業他社との格差が広がっている」という事実に気がつくかもしれません。

財務分析では、直近5期（必要に応じて10期）程度の財務諸表（決算書・試算表）を整理・分析し、収支・財政上の優位点・問題点を抽出します。ここでは、収支状況・財政状態の長期推移を把握するとともに、損益分岐点・安全余裕率、一人当たり付加価値額、売上高変動費率・同固定費率、労働分配率などを同業者平均と対比します。こうした分析によって構造的な問題点などをえぐり出すことが重要です。

次に「企業活動に係る定量分析」を行います。具体的には社内管理資料などに基づき、生産・販売の単価・数量、リードタイム、不良率・返品率、一人当たり労務費・人件費、稼働率・回転数、原単位・歩留りを把握・分析します。これにより、財務上の問題点などの原因が、どの企業活動プロセスや経営資源にあるのか、そのヒントが得られ、ポイントを絞り込むことができます。

しかし、このような分析だけでは対象企業の機会・脅威、強み・弱みを浮き彫りにすることはできません。収支・財政上の問題点などの根本原因や真相に関する仮説を設定し、定性的な企業活動分析につなげていかなければなりません。

⑵ 根本原因・真相に係る仮説の設定

　続いて、収支・財政上の優位点・問題点の「根本的な原因や裏に隠された真相」を究明するため、根本原因・真相（現状の機会・脅威／強み・弱み）に係る仮説を設定します。

　先ほどのたとえ話の続きをします。一人当たり付加価値額の時系列推移・同業他社との比較により「コロナ禍前から同業他社より付加価値生産性が低かった」「近年低下し、同業他社との格差が広がっている」という事実に気がついたとします。ここでどのような仮説を設定すべきでしょうか。

　例えば「事業の採算が悪いのではないか」「業務が非効率になっているのではないか」では、まだまだですね。「何が低採算を招いているのか？」「どの業務が非効率なのか？」と掘り下げていかなければなりません。

　低採算の原因は対象市場なのか、取扱製品・サービスか、販売先か、営業・販売の方法にあるのか。非効率な業務は製造・施工か、販売・サービス提供か、物流・輸送か。それは社員の問題か、設備の問題か、仕入・外注先の問題か。

　製品別の単価・数量、業務別のリードタイム、設備・店舗別の稼働率といった定量分析により、問題点などの所在／原因の手がかりをつかみ、真相を穿つ仮説を設定する。

　根本原因や隠された真相をえぐり出すため、このように掘り下げて具体的な仮説設定を行い、ターゲットを明確にした上で、実施すべき「定性的な企業活動分析」を的確に導き出すことが重要です。

(3) 現状の「機会・脅威、強み・弱み」の抽出

本プロセスでは、設定された仮説を踏まえ、まず検証に必要な企業活動分析を選択します。そして、実地調査・ヒアリングなどを実施し、対象市場や経営資源の分析・検証・評価を行い、経営・企業活動上の問題点などを抽出します。

企業活動分析には、①市場、需要・供給を分析し現状の機会・脅威を把握する「外部環境分析」と、②経営資源を分析し現状の強み（特長、優れている点）と弱み（劣っている点、問題点）を把握する「内部環境分析」があります。

外部環境分析では、自然・社会・経済環境を考察し対象市場のライフサイクル、顧客数、需要金額・数量などを把握するとともに、競合先の能力や状況を分析し、具体的な機会・脅威を検討します。

また内部環境分析では、以下のような観点で分析し、「経営資源が現状どのようになっているか」「特長や優れている点、劣っている点や問題点は何か」を具体的に見極めます。

・経営者・後継者や経営管理体制・方法は優れているか

・取扱製品やサービスの競争力は高いか

・有能な社員を確保できているか、社員のスキル・モチベーションは高いか

・事業所・設備の能力や稼働状況は適切か

・有力な仕入・外注先、購買力の高い販売先を擁しているか

・ビジネスモデル、事業体制・方法がしっかり整備され、効率的・効果的に運用されているか

2 ステップⅡ　経営・企業活動上の課題の導出

⑴ 環境変化の分析

　ステップⅠで抽出された現状の機会・脅威／強み・弱みが今後（3〜5年後）どのようになるかを想定するため、「外部・内部環境の変化の分析」を行います。

　まず外部環境変化の分析を行い、「機会・脅威が今後どのように変容するのか」を、考察します。

　例えば、「イノベーションの進展による新たな需要の喚起」「バリューチェーンの再編による事業の高付加価値化」が見込まれれば、今後、対象市場に機会が生じると考えられます。

　あるいは、「市場ライフサイクルの成熟化、同業者との競合激化」「新規先・代替品の参入、買い手・売り手の交渉力の強化」「イノベーションを取り込んだ競合先の競争力向上」が予想されれば、脅威が発生すると危惧されます。

　このように、外部環境の変化によって具体的に「どんな機会が失われるか」「どんな潜在的機会・脅威が顕在化するか」といったことを見極めます。

　次に、外部環境変化の影響や内発的な変化により「経営資源が今後どのように変容するか」を検討します。

　例えば、「需要・ニーズが変化・高度化し、取扱製品・サービスの競争力が低下する」「イノベーションの進展に伴い既往設備が陳腐化する」「ICT化やDXへの対応が遅れ、競合先との

生産性格差が拡大する」「競合激化により、既往の経営悪化なら、既往の仕入・外注先や販売先の経営が悪化する」といった外部環境変化の影響はないか。

あるいは、「高齢社長の後継者が決まっていない」「社員の高齢化が進み、スキルやモチベーションが低下する」「設備の更新が進まず、老朽化による能力低下や修繕費などの増加が懸念される」「合理化・効率化が遅れ、事業体制・方法が円滑に運用されず、競争力低下や高コストを招く」といった経営資源の内発的変化による強み・弱みの変容はないか。

外部環境とは異なり、内部環境には所与の前提があるので確度の高い想定ができます。それゆえ、経営資源における強み・弱みの変容（強みが失われる、強みが弱みに転化する、潜在的な弱みが顕在化するなど）をできるだけ具体的に把握し、「課題の導出」につなげていくことが重要です。

さて、なぜ「今後」なのでしょうか。

付け焼き刃の対症療法的な改善は別として、抜本的な経営改善や事業再生には中長期を要しますが、そうした取組みの最中にも、企業を取り巻く環境はめまぐるしく変化します。

したがって、現時点の機会・脅威／強み・弱みを踏まえて計画を策定しても、3〜5年後には大きく変化し、的外れな取組みになってしまうかもしれません。

10年後はおろか、3〜5年後の外部・内部環境を想定するのも難しいと思います。しかし、今後に向けた課題（取り組むべきテーマ）を的確に導き出すためには、想像力をフルに発揮し、今後の環境変化を見極めなければなりません。

⑵ 取り組むべき課題の導出

　環境変化の分析の結果、抽出された今後の機会・脅威、強み・弱みを踏まえ、次に「課題（取り組むべきテーマ）の導出」を行います。

　ここで「問題」と「課題」の違いについて、少し触れてみます。私も日常会話のなかで問題と課題を混同して使ってしまうことがあります。しかし、事業性評価においては両者を明確に分けて分析・検討を進めていくことが肝要です。

　問題とは、現状（As Is）と理想（To Be）の間で「マイナスのギャップがある状態」のことをいいます。これに対し課題とは「問題を解決する（As Isを改善・是正し、To Beに近づける）ために取り組むべきテーマ（To Do)」のことです。

　例えば、情報システムの開発・運用においては「問題管理」「課題管理」を明確に分けて実施しています。

　開発・運用においてバグや障害が発生した場合、原因を究明しこれらに対処（暫定対応）しますが、こうした対応を管理するのが問題管理です。

　ただ、問題が度々発生し、本質的な解決（根本対応）が求められる場合は根本原因や真相を究明し、解決策・再発防止策を検討・実施して、検証・改善を重ねなければなりません。こうした問題の根本的解決が円滑・着実に遂行されるようマネジメントするのが課題管理です。

　問題は課題を導き出すためのトリガー（きっかけ）にすぎず、重要なのは「いかに課題を的確に導き出すか」です。

第2章 | 事業性評価、経営改善・再生支援のポイント

図表2-1 クロスSWOT分析

		内部環境	
		【強み】 ・ ・ ・	【弱み】 ・ ・ ・
外部環境	【機会】 ・ ・ ・	〈課題①〉 経営資源の強みを活かして、機会を獲得する事業展開を実施する	〈課題②〉 経営資源の弱みを克服して、機会を獲得する事業展開を実施する
	【脅威】 ・ ・ ・	〈課題③〉 経営資源の強みを活かして、脅威を回避する事業展開を実施する	〈課題④〉 経営資源の弱みを克服して、脅威を回避する事業展開を実施する

横道にそれました。「課題の導出」に戻りましょう。

経営・企業活動上の課題を的確に導き出すためには「クロスSWOT分析」の活用が有効です（図表2-1）。

すなわち、抽出された今後の機会・脅威、強み・弱みを列挙し、①強みを活かして機会を獲得、②弱みを克服して機会を獲得、③強みを活かして脅威を回避、④弱みを克服して脅威を回避、の4パターンの取組みを検討します。

「機会の獲得、脅威の回避」は事業展開の方向性になります。もう少し分かりやすく申し上げると、機会の獲得とは現行事業の拡大や事業の多角化・高度化、新規事業への進出によって需要・ニーズを「攻め取る」ことです。

これに対し脅威の回避は、レッドオーシャン、危機・リスクから「逃げる（事業の縮小・撤退）」ことや、事業の差別化・棲み分けなどにより競合を「かわす」ことです。

25

「こういう事業展開をしたい」という経営者の想いがあるかもしれませんが、独善的な想いの遂行は経営悪化を招きます。経営者の想いとは無関係に採るべき事業展開は今後の外部環境に左右されます。客観的にみて機会があればそれを獲得し、脅威があればそれを回避しなければなりません。採るべき事業展開の方向性は、他律的に決まるものです。

　他方、「強みの活用、弱みの克服」という経営資源の活用、整備・強化については、客観的な判断のもと、経営者が自律的に決めなければなりません。「やりたくないんだけど」「もっとほかの経営資源を整備・強化したいのだけど」といった身勝手な想いは当然のことながら許されません。

　採るべき事業展開を実現するために、「具体的にどの経営資源を活用しなければならないのか」「その経営資源を確保・活用できるのか」「必要な経営資源がない、弱い、不足する場合、それを整備・強化できるか」「自前で整備・強化できない場合、外部資源を活用できるか」といったことを冷徹に見極める。そして、必要な経営資源の整備・強化を断行しなければなりません。

　このように課題の導出は重要な経営判断が求められるもので、経営者との間で認識を共有し、合意形成を図ることが不可欠です。容易ではありませんが、ここが事業性評価、経営改善・再生支援の肝になるので、しっかり行いましょう。

第2章 | 事業性評価、経営改善・再生支援のポイント

3 ステップⅢ 経営・企業活動の見通しの検討

本ステップでは「具体的対応策の検討→妥当性・実現可能性の評価→収支・資金繰り見通しの検討」を行います。導出された課題を踏まえ、事業展開／経営資源の整備・強化に係る具体的対応策を検討・評価し、経営改善・事業再生を遂げることができるか、見極めるものです。

(1) 具体的対応策の検討

まず、導出された課題の達成に必要な対応策を検討します。具体的には「事業展開や経営資源の整備・強化に係る対応策について、以下の点が明確にされているか、円滑な遂行や取組効果が見込まれるか」を確認・吟味します。

・取組みの趣旨・目的は何か、課題と整合しているか（Why）

・取組みの内容はどのようなものか（What）

・どのように遂行するのか（How）

・誰が実施するか、実施体制はどうなっているか（Who）

・いつ実施するか、実施期限はいつか（When）

・どこで実施するか（Where）

例えば実施体制については以下の点を確認し、その後の検証・評価が的確に行われるようにすることが重要です。

・組織機構・プロジェクト体制、責任者・要員配置、責任・権限／役割分担、指揮命令系統、連携・コミュニケーション

・活用する仕入・外注先／連携先、設備／技術・ナレッジ

27

図表2－2　A社のアクションプラン

具体的取組み	現行市場における競合が激化するなか、新たな製品の開発、設備、製造・販売の体制・方法の強化・見直しを図り、新市場で受注を獲得することにより、収益向上を図る
実施効果	売上高が10％増加する

　取扱製品、設備、営業体制・方法に弱みを抱えるA社の例について考えてみましょう。A社では、新たなBtoB市場に進出し需要を獲得するため、図表2－2に示す「アクションプラン」を策定し、メイン行に相談しました。

　ところが、「できるメイン行」は主に以下の点を問題視し、A社のアクションプランにダメ出しをしました。

　主に、以下の点が問題だったようです。

①　新製品の需要はあるのか、具体的にどこへ売るのか

②　新製品の開発は具体的にどのように行うのか

③　現行設備で新製品を製造できるのか

④　営業は具体的にどのように実施するのか

⑤　本当に売上高が10％増加するのか、収支は改善するのか

　確かにメイン行が指摘した点は不明確で詰めが甘く、本当に実現できるか、効果があるのか判然としません。そこでA社では指摘を踏まえ、以下の点を再検討し、図表2－3のとおりアクションプランの修正案を再作成しました。

①　新製品に係るマーケティング、具体的な販売策の設定

②　新製品の開発体制・方法の整備

③　設備、製造体制・方法の強化

④　営業体制・方法の強化、見直し

第2章 | 事業性評価、経営改善・再生支援のポイント

図表2-3　A社のアクションプラン（修正版）

課題	新製品を開発し、新たな市場に進出する			
	事業展開	経営資源の整備・強化		
	新事業進出	新製品の開発	設備・製造体制・方法の強化	営業・販売体制・方法の強化、見直し
趣旨／目的（Why）	現行市場における競合が激化するなか、新たな製品の開発、設備、製造・販売の体制・方法の強化・見直しを図り、新市場で受注を獲得することにより、収益向上を図る			
実施内容（What）	①マーケティング ②販売先開拓 ③新製品製造 ④新製品販売	①新製品の企画・開発・設計 ②新製品の試作・改善	①設備増設 ②新製品の製造体制構築 ③新製品の製造方法整備	①新製品の営業・販売・物流体制の構築 ②新製品の営業・販売・物流方法の構築
実施体制（Who）	①企画部(責任者) ②営業部(責任者) ③製造部(責任者) ④営業部(責任者)、物流部(責任者)	①企画部(責任者) ②企画部(責任者)、製造部(責任者)	①②③ 製造部(責任者)	①② 営業部(責任者)
実施方法（How）	・①はC社と連携 ・定例ミーティングを開催し情報共有・プロジェクト管理	・①はB社と連携 ・関係部署間で連携しプロジェクト管理	①新設備の設置、既往設備とのライン構築 ②③新製法の確立、外注先を含めた体制構築・要員配置	・営業・販売・物流体制、要員配置の強化 ・顧客DBの構築・活用、提案型営業の推進
実施場所（Where）	①②④：本社 ③：●●工場	本社企画研究室	●●工場	本社、■■物流センター
実施時期（When）	①②：〜○年○月 ③④：○年○月〜	〜○年○月	〜○年○月	〜○年○月
効果／KPI	売上高10%増 原価率75% 販管費30百万円増	新製品の確立	・原価率 ・生産数量・リードタイム ・不良率	・販売単価・数量 ・販売・物流コスト

⑤　予想売上高・原価・販売コスト

　アクションプランは、当事者・関係者に経営改革などの遂行を約束する書類です。それゆえ、5W1HやKPIなど具体的な約束事が明確にされなければ、経営改革などの実施／支援・協力に関する合意を取り付けることはできません。アクションプランの目的は「社内で共有し、一丸となって経営改革・改善に取り組むこと」「計画の取組状況を正確に把握し、適切な検証・改善を進めていくこと」です。

　しかし社員や取引先・連携先がアクションプランをしっかり理解していないと、経営改革などを進められません。また5W1HやKPIが不明確だと、金融機関において妥当性・実現可能性の評価や適切なモニタリング／経営改善指導ができず、金融／経営改善・再生支援に支障を来します。ぜひ、5W1HやKPIが明確・適切に設定されたアクションプランの策定を顧客企業に促すようにしてください。

⑵　妥当性の評価

　さて、具体的対応策やアクションプランが策定されたところで、次にこうしたものが「適切に設定され、効果が見込まれるか」「円滑・着実に実現できるか」を見極めます。妥当性・実現可能性の評価が甘いと、事後、「問題の解決、課題の達成に結びつかない」「効果や成果が出ない」「経営資源の整備・強化が着実に進まない」「それゆえ事業を円滑に展開できない」といった問題に直面することになります。事業を継続し持続的に発展するには、妥当かつ実現可能な対応策・アクションプラン

を策定し、円滑・着実に遂行することが不可欠です。それゆえ、事前に妥当性・実現可能性をしっかり検証・評価し、蓋然性を見極めなければなりません。

具体的対応策やアクションプランの「妥当性」の見極めにおいては、①課題との整合性、②リスクテイク、③取組効果、下振れ時の対応について評価し、「対応策や計画が適切に設定され、取組効果が見込まれること」を検証します。

① 課題との整合性

これまで、「財務上の問題点などの把握→企業活動上の問題点などの抽出→課題の導出→具体的対応策・アクションプランの策定」という一連の手続を経て、ストーリー立てて検討を進めてきました。それゆえ、「対応策・アクションプランと課題が整合しているのは当たり前」と感じるかもしれません。ただ、検討の過程で罠や陥穽にはまり、不整合が生じることもあります。

対応策などを策定する場合、Whyを除く4W1Hに係る複数のピース・組み合わせのなかから、優先順位や実現の難しさ、費用対効果などを考慮して最適と思われるものを選択し、対応策やアクションプランを組み立てていきます。ところが、その過程で恣意的・独善的な主観やバイアス（偏見）、ノイズが作用すると、ちぐはぐになったり、最適なものが選択されず問題解決や課題達成に結びつかないものになったり、といった弊害が生じるケースがあります。

「策定された対応策・計画が課題と整合しているか」を客観的に俯瞰し、大所高所から複眼的に検証することが肝要です。

②　リスクテイクの妥当性

　外部・内部環境が変化すると、潜在的な脅威・弱み（＝リスク）が必ず発生します。したがって、リスクが危機として顕在化し損害を被らないよう、適切にリスクを評価し、戦略的にリスクテイクしていかなければなりません。

　リスクテイクの検討は、以下の手順で行います。

１）リスクの内容の把握

　以下の観点から分析し、リスクの内容を明らかにします。

・リスクの対象となる経営資源は何か（Who）

・リスクの具体的内容は何か（What）

・リスクはどこにあるのか（Where）

・リスクはいつ発生するか、危機として顕在化するか（When）

２）リスクの発生・顕在化メカニズムの把握

　リスク発生の理由・要因や背景事情（Why）を検討し、以下のメカニズム（How）を明確にします。

・リスク発生メカニズム（リスクがどう顕在化するか）

・危機顕在化メカニズム（リスクがどう危機につながるか）

・損失発生メカニズム（危機により損失がどう発生するか）

３）リスクの評価

　リスクの内容、発生・顕在化メカニズムを踏まえ、まず、計画の期間中にどれくらいの確率でリスクが発生するか、危機が顕在化するかを推定します。

　次に、以下の観点から危機が顕在化した場合の影響を想定・推計します。

・影響範囲（被害が想定される事業・業務、顧客・取引先、社員、

事業所・設備・情報システムなどの範囲）

・影響深度（毀損・操業停止に伴う損失額、復旧・補償・賠償の
金額など）

そして、計画期間における想定被害額を以下の算式で計算
し、定量的にリスクを評価します。

> 被害額＝リスク発生確率×危機顕在化確率×危機の影響
> 範囲×危機の影響深度

4）リスクテイクの検討

想定されるリスク・危機を踏まえ、リスクの防止策・危機時
の対応策を検討し、被害の抑制・低減効果、イニシャル・ラン
ニングコスト、運用管理などの観点から妥当性・実現可能性を
評価します。また、リスク・危機回避のため事業を断念する場
合の逸失利益を推計し、機会損失額を算定します。

その上で、「想定被害額」と「防止策・対応策の効果、導
入・運用に必要なコスト」「機会損失」を比較衡量して、リス
クテイクの是非を判断し、実施する事業やリスク防止・危機対
応に係る具体策を決定します。

プロセスは以上のとおりですが、しっかり行うと結構しんど
いです。それゆえ、リスクが僅少な場合などは特段のリスク評
価は不要と考えます。ただ、安全性に懸念があったり、リスク
の高い市場・分野で操業する場合には、適切なリスク評価／リ
スクテイクを行わなければなりません。

③　取組効果、下振れ時の対応の妥当性

前掲図表２−３のように、適切なアクションプランには取組みの効果・成果やKPIが明確にされています。こうしたものに基づき、１）どんな効果・成果が見込めるか、財務上の問題が解決されるか、２）複数案のなかから最適な対応策が選択されているか、３）KPIの設定は適切か、４）下振れ時の対応は妥当か、といったことを分析し、妥当性を評価します。

１）取組みの効果・成果については、想定される需要と計画実施後の供給・対応能力を踏まえ、できる限り定量的に算定することが重要です。

例えば、取扱製品の拡充によって売上単価がどの程度アップするか。設備の増強や製造／販売体制・方法の強化により売上数量がどれくらい増えるか。その結果、売上高はどれくらい増加するか。

原価の見積り・管理の適正化や不良率・歩留りの改善によって売上高原価率がどの程度低減するか。能力増強や合理化・効率化によって一人当たりの労務費・人件費や就労人数・時間、販管費などがどれくらい増減するか。

このように、各取組みによる効果・成果を具体的に積算し、これらを積み上げて「財務上の問題が解決されるかどうか」を検証することが肝要です。

２）事業展開や経営資源の整備・強化について複数の対応策案がある場合、費用対効果やリスク評価を踏まえ、最適な対応策が選択されていることを確認します。

経営資源の整備・強化などにどの程度のイニシャル・ランニ

ングコストがかかるか。事業展開や経営資源の整備・強化によってどの程度収支改善が見込まれるか。リスク防止策・危機対応策の実施によってリスクや危機時の損害がどの程度低減されるか。機会損失はどの程度になるか。

各案の分析や複数案の比較検討が適切に行われ、その上で最適な対応策が選択されていることを確認し、妥当性を検証することが重要です。

3）KPIの妥当性については、各取組みの効果・成果見込みと設定されたKPIを対比し、「KPIが適切に設定されているか」を評価します。

KPIは評価指標であり、各取組みの達成度を測るものです。したがって、甘くもなく辛くもなく、円滑・着実に取り組めば達成の蓋然性が高い水準に設定することが重要です。

モニタリングでは、KPIに基づいて各取組みの検証・評価を行いますが、上振れ・下振れの場合はその原因を究明し、改善策の検討・実施やアクションプランの見直しが必要になります。KPIの設定が妥当性を欠くと、的確な取組みの評価ができず、ミスリードを招く恐れもあります。

また、KPIが不明確で具体性を欠く場合には、問題の発見、原因の究明、改善策の検討ができず、アクションプランの円滑・着実な遂行に支障を来すことになります。

取組効果と同様、KPIはできるだけ定量的かつ詳細に設定することが重要です（例えば、売上高は金額だけでなく売上単価と売上数量に分解して設定）。

最後に、4）下振れ時の対応の妥当性についてみます。

アクションプランをどんなに精緻に策定しても、外部環境の変化などにより予定どおり成果をあげられないことが少なくありません。あるいは、社員を鼓舞するため、あえてチャレンジングな計画を策定するケースもあるでしょう。

　いずれにしても上振れ・下振れが避けられず、プランＢやリカバリープランを用意し、備えることが望ましいといえます。

　プランＢは、ベストなプランＡがうまくいかなかった場合のセカンドベストの代替計画です。実際に発動するかどうかは別にして、可能な限りあらゆるケースを想定し、プランＢを用意する。それによって、事態が急変しても慌てることなく計画を変更し、改革・改善を継続することができます。

　また、問題が生じた場合の早期の復旧を確保するため、リカバリープランを用意しておくことも有効です。プランＢ同様、事前に問題やリスク・危機の発生を想定し、対応策・計画を用意しておけば、問題発生時などに迅速・的確な対応が行われ、着実なリカバリーを実現することができます。

　プランＢやリカバリープランの策定負担は非常に重く、ムダになる可能性もあります。しかし心の安寧を得て、冷静な判断や戦略的な経営・事業運営を行う上で重要かつ有効な取組みなので、顧客企業に促すことをお勧めします。

⑶　実現可能性の評価

　課題達成に向けて着実に強みの活用／弱みの克服を図り、機会の獲得／脅威の回避を円滑に進めていく。そのためには、「経営資源の整備・強化や事業展開に係る具体的取組みを計画的・組織的に推進すること」が不可欠です。すなわち、実現可能性の高い具体的対応策や計画の実施体制・方法を確立し、遂行を徹底しなければなりません。

　実現可能性の見極めでは、以下の観点から計画を評価し、「対応策や計画が円滑・着実に実現できること」を確認します。

① 　事業展開に必要な経営資源が確保できるか

② 　強みのある経営資源を活用できるか、弱みのある経営資源の強化・見直しができるか

③ 　整備・強化された経営資源を使って、事業展開ができるか

　① 　経営資源の確保

　まず「今後の事業展開に必要な経営資源は何か、その経営資源は確保されているか」を確認します。具体的には事業展開に必要な経営資源を特定するとともに、各経営資源において、要求されるスペック・レベルが遺漏・過不足なく備わっていることを検証します。

　例えば、前掲図表2－3のＡ社の場合、今後の事業展開に必要な経営資源、要求されるスペック・レベルは図表2－4のように整理されます。

　Ａ社では「新製品を開発し、新たな市場に進出する」ために必要な経営資源として、以下のものを特定しました。

図表2－4　A社における分析

今後の事業展開	新製品○○○○を開発し、新たな市場（BtoB）に進出する。		
必要な経営資源	要求スペック・レベル	有無、活用の可能性	具体的整備・強化策実施体制・方法
人材	・開発○名（新製品の設計・開発） ・製造△名（新製品の製造技術構築、品質管理） ・販売×名（新製品の提案営業）	無	
新製品	製品名：○○○○ ・機能・性能： ・付帯サービス： ・価格：@□□万円／台	無	
製造設備・技術	○○○○製造ライン　2基 ・生産：●●●台／月 ・工程：製缶板金・溶接、研磨・塗装、デバイス実装、アセンブリ、検査	一部有 仕上工程の既往設備を新ラインに連接	
仕入・外注先	仕入先：○○○ほか5社 ・鋼材、電子部品・デバイス等を仕入れ 外注先：×××ほか7社 ・一部プレス加工、塗装等を外注	有 既往先の活用で対応	
販売先	・首都圏所在の△△△メーカー等7～10社 ・●●●台／月の販売	無	
事業体制・方法	・開発：○＋3名配置。B社と連携、新製品を設計・開発 ・製造：△＋7名配置。新製品の製造、保守・メンテナンス、製造技術構築、品質管理 ・営業・販売：×＋2名配置。C社と連携、提案型営業推進 ・物流・輸送：△名配置。協力会社を活用、新製品を輸送・据付	一部有 既往部署の再編・強化により対応	

・新製品の開発・製造・販売を担う人材

・新市場に投入する新たな製品

・新製品の製造設備・技術

・新製品の製造を支える仕入・外注先

・新製品の販売先

・新製品の開発／製造／営業・販売／物流・輸送の体制・方法

続いて、必要な経営資源の有無／要求されるスペック・レベルを検討したところ、製造技術、仕入れ・外注先は要求を充たし、今後の事業展開に活用できることが確認されました。他方、製品、設備、販売先、人材、事業体制・方法については、以下の整備・強化が必要なことが分かりました。

・高機能・高性能を備えた新製品の開発

・製造工程に係る新たな設備の導入、仕上工程に係る既往設備と連接したラインの構築

・新たな販路の構築

・既往部門からの配置転換、有能な社員の確保・能力開発

・各プロセス（開発／製造／営業・販売／物流・輸送）の体制・方法の強化・見直し

　このような分析・検討により「必要な経営資源／不足する経営資源」が明確になり、整備・強化すべき経営資源を絞り込むことができます。整備・強化を効率的・効果的に進めるには、こうした分析・検討が不可欠であり、顧客企業においてしっかり行われていることを確認することが重要です。

　②　経営資源の整備・強化

　整備・強化すべき経営資源が特定されたところで、次に「各

資源の整備・強化が円滑・着実に行われるか」を検証します。

　経営資源の整備・強化を円滑・着実に進めるには、以下の事項（5W1H）を具体的かつ明確にアクションプランに定め、それに基づいて遂行を徹底することが必要です。

・整備・強化の趣旨・目的（Why）

・整備・強化の具体的内容（What）

・整備・強化の具体的方法・プロセス（How）

・整備・強化の実施体制（Who。責任者・要員配置、ステークホルダー、連携先、責任・権限、役割分担、指揮命令系統、連携・コミュニケーション）

・整備・強化の実施期間・期限（When）、実施場所（Where）

　また、既往のヒト・モノ・カネを活用しつつ、所要資金の調達／外部リソースの活用を進め、「選択と集中」により経営資源の整備・強化を図ることが肝要です。過大投資やムリ・ムダなリソースの整備・強化は、避けなければなりません。

　前掲Ａ社について、各経営資源の整備・強化に係る具体的な取組みをみてみましょう。Ａ社では以下の整備・強化策を設定し、アクションプランに盛り込みました（図表２－５）。

・新製品の開発：開発要員○名の増員、共同開発を行うＢ社・コンサル会社Ｃ社とのアライアンス強化により、マーケティング、新製品の企画・設計・開発／試作・改善を実施。また、企画部を中心にプロジェクト管理を実施

・設備の増強：製造部において導入設備の選定、新ラインの設計、設備の設置・再構築、試作・試行を計画的に実施

・販路の構築：営業部において販売先候補に係る調査・分析・

第2章 | 事業性評価、経営改善・再生支援のポイント

図表2−5 A社における経営資源の整備・強化

今後の事業展開	新製品○○○○を開発し、新たな市場（BtoB）に進出する。		
必要な経営資源	要求スペック・レベル	有無、活用の可能性	具体的整備・強化策実施体制・方法
人材	・開発○名（新製品の設計・開発） ・製造△名（新製品の製造技術構築、品質管理） ・販売×名（新製品の提案営業）	無	・管理部：新卒・中途採用、カリキュラム・教育体制の整備、各部署への周知徹底
新製品	製品名：○○○○ ・機能・性能： ・付帯サービス： ・価格：@□□万円／台	無	・企画部：B社・C社と連携、マーケティング、企画・設計・開発、試作・改善
製造設備・技術	○○○○製造ライン　2基 ・生産：●●●台／月 ・工程：製缶板金・溶接、研磨・塗装、デバイス実装、アセンブリ、検査	一部有 仕上工程の既往設備を新ラインに連接	・製造部：導入設備の選定、新ラインの設計・再構築、本格稼働に向けたテスト
仕入・外注先	仕入先：○○○ほか5社 ・鋼材、電子部品・デバイス等を仕入れ 外注先：×××ほか7社 ・一部プレス加工、塗装等を外注	有 既往先の活用で対応	
販売先	・首都圏所在の△△△メーカー等7〜10社 ・●●●台／月の販売	無	・営業部：販売先の調査・分析・選定
事業体制・方法	・開発：○＋3名配置。B社と連携、新製品を設計・開発 ・製造：△＋7名配置。新製品の製造、保守・メンテナンス、製造技術構築、品質管理 ・営業・販売：×＋2名配置。C社と連携、提案型営業推進 ・物流・輸送：△名配置。協力会社を活用、新製品を輸送・据付	一部有 既往部署の再編・強化により対応	・企画部を中心にプロジェクト管理 ・各部署：要員増強・再配置 ・製造部：新製品の製法・製造技術構築 ・営業部：C社と連携、顧客DBの構築、営業体制・方法の再構築、提案型営業の推進

41

選定、提案型営業に係る企画・検討を実施

・人材の確保・育成：管理部において新卒・中途採用、OJTなどに係るカリキュラムの策定、教育体制の再構築を実施

・事業体制・方法の強化、見直し：本格稼働後の開発／製造／営業・販売／物流・輸送の円滑実施のため、各部署において業務体制の再構築／要員増強・再配置、新製品の製法確立、提案型営業の推進方法の整備などを実施

いかがでしょう。いずれの具体策も、現状からみて実現可能な内容・レベルになっています。また5W1Hが明確にされ、「一人ひとりが何をすべきか」が具体化されています。

経営資源の整備・強化を円滑・着実に進めるには、こうしたアクションプランを策定し、社内への周知徹底を図るとともに、プロジェクト体制を構築して、計画的・組織的に整備・強化を遂行しなければなりません。

③　円滑な事業展開

経営資源の確保、整備・強化の蓋然性を確認したところで、最後に「事業展開が円滑・着実に行われるか」を見極めます。具体的には、経営資源の整備・強化と同様、「以下の事項が適切に設定され、社員一人ひとりに周知徹底されているか」を確認／分析・検討します。

・事業展開の趣旨・目的（Why）

・事業展開の具体的内容・方法（What・How）

・事業展開の実施体制（Who）

・事業展開の実施時期（When）、実施場所（Where）

例えば事業展開の内容・方法については、具体的な対象市

場・顧客、需要・ニーズ、取扱製品・サービス、製造・施工／販売・提供の方式、業務方法・プロセス、内製／外注の設定などを確認し、フィージビリティを検証します。

　事業展開は関係部署が有機的に連関しながら一体的に進められます。それゆえ自身の所掌だけでなく、関係者の取組みも理解し、緊密なコミュニケーションや協調・連携、相互扶助が徹底されるよう体制・方法を整備しなければなりません。また、PDCAサイクルを定着させ改善・見直しが組織的に継続されること、不測の事態に備えプランBやリカバリープランを策定していることなどを確認することが重要です。

⑷　収支・資金繰りの見通しの検討

　以上の妥当性・実現可能性の評価に基づき、最後に「今後の収支・資金繰りの見通し」を検討します。収支や資金繰りの予想は、現状を踏まえて「ざっくり」見通しを立てるのではなく、取組効果の数値や具体的な収入・支出計画に基づき「積み上げ」によって精緻に行うことが重要です。

　経営改革などの目的は事業継続力を強化し、財務上の問題を解決することです。客観的な分析・検証・評価により、その蓋然性が見極められなければ、関係者や上司の納得が得られません。最後の仕上げをおろそかにしてはなりません。

　「課題の導出や具体的対応策の設定などはコンサルタントの仕事だ」と考える方もいるでしょう。確かに実務的な検討や計画の策定作業などは、外部専門家を活用しながら顧客企業側で

43

進めるべきです。しかし、①取組方針や課題に関する経営者との認識共有・合意形成、②具体的対応策やアクションプランの妥当性・実現可能性の評価、③計画遂行の管理・指導助言などは、金融機関が責任をもって実施すべきものです。金融マンは、経営や事業運営に関する見識、企画構想力・コミュニケーション能力に磨きをかけ、経営者・コンサルタントをリードしなければなりません。

4 事前準備、実地調査・検証の進め方

事業性評価などの各ステップにおいて、「1) 事前の分析→2) 仮説の設定→3) 実地調査→4) 仮説の検証」を着実に行い、次につなげていくことが重要です。

① 現状把握

現状把握においては、以下の事前準備を行います。

・財務諸表の整理、財務指標の算出

・同業者との比較、財務上の優位点・問題点の抽出

・財務上の問題点などの原因・真相の検討、仮説の設定

そして、現地で以下の確認・調査・聴取を行い、財務上の問題点などに係る原因・真相を検証します。

・帳簿・社内管理資料などの確認／精査、事業所の視察・調査

・経営者、金融機関・支援機関、取引先などへのヒアリング

② 課題導出

現状把握の結果を踏まえ、事前準備として以下の分析・検討を実施し、経営・企業活動上の課題などに係る仮説の設定やブ

ラッシュアップを行います。

・統計データ、社内管理資料に基づく企業活動の定量分析

・視察・調査／ヒアリング結果などに基づく企業活動の定性分析、外部・内部環境変化の分析

・今後の機会・脅威／強み・弱み、課題／具体的対応策の検討

　その上で、実地調査において経営者へのヒアリングなどを行い、上記仮説の検証を実施します。

　③　今後の見通しの検討

　課題の導出後、以下の分析・検討を実地調査前に行い、事業計画などの問題点・課題／修正案、収支・資金繰り見通しなどに係る仮説を設定します。

・事業計画などの分析・検討

・具体的対応策／アクションプラン、金融・経営改善支援などの妥当性・実現可能性の検討

・収支・資金繰り見通しの検討

　実地調査では、事業所の視察・調査や経営者・金融機関・取引先などへのヒアリング、ディスカッションを行い、事業計画、支援体制・方法、収支・資金繰り見通しなどの妥当性・実現可能性を検証し、認識共有／合意形成を図ります。決算書などの分析だけでは実態把握や課題導出、今後の見極めは絶対にできません。実地調査の結果と決算書などを突き合わせることによって「粉飾が行われていないか、不良資産がないか、実態財務はどうなっているのか」が分かります。事業所の視察・調査などによって「財務上の問題点の真相や背景にあるもの」をえぐり出すことができます。経営者、ステークホルダーへのヒ

アリングや面談などによって「経営・企業活動上の問題点／課題の共有、今後の方針などの確認、経営改善などに係る合意形成」を図ることができます。

　このように実地調査・ヒアリングなどを通じて裏付けを取り、正確かつ客観的な検討、分析・検証・評価を行うことによって、事業の継続・持続的発展の確からしさを見極めなければなりません。

5　過去の成績表にこだわるの？
　　～財務分析の位置づけ～

　以降、補論として4つのテーマに係る私見を申し上げます。まず、「財務分析の位置づけ」というテーマです。

⑴　財務スコア・信用格付けだけで評価するの？

　多くの金融機関が、近時の財務データなどに基づき「財務スコア」を算出し、返済状況の考慮や定性的修正を実施のうえ「信用格付け」を付与して事業性評価や可否判断の基軸にしていると思います。「今後は現状の延長線上にある」という前提に立てば、こうした対応は至極妥当なものだといえます。

　ただ、この前提は本当に正しいのでしょうか。確かに、過去好業績を残した企業は自己資本の蓄積が進み、当面の安全性は確保されていますから、よほどのことがない限りすぐに経営破綻に追い込まれることはないでしょう。しかし、好業績でも環境変化に適応する柔軟性や将来に向けた成長性が保証されてい

るわけではありません。

　現状の高収益の上にあぐらをかき、事業体制が硬直的で将来に向けた新たな事業展開を怠っている企業は、持続性・付加価値生産性の負のスパイラルに陥ってしまいます。すなわち「持続性向上の取組みを怠る→付加価値生産性が低下し、内部留保が毀損する→経営資源の強化に向けた投資ができず持続性が低下する→付加価値生産性がさらに低下する」という、前掲図表１−５とは真逆の連鎖にとらわれてしまいます。

　他方、過去の実績が乏しいベンチャー企業や業績不振を余儀なくされ事業再生に取り組む企業は、本当に事業を継続し持続的に発展することが困難なのでしょうか。確かにこうした企業は損失が続き、過小資本・債務超過に陥り、当面の安全性は心もとないといわざるを得ません。

　しかし、ベンチャー企業であれば、機動性に富み環境変化への柔軟な対応が可能で、将来有望な事業を推進することによって高い成長を遂げるかもしれません。あるいは事業再生・企業再建に取り組む企業は、抜本的な経営改善や事業革新によって、柔軟性や環境変化への適応力が高まり、今後、成長性の復活／ライフサイクルの若返りを実現するかもしれません。

　念のため申し上げますが、私は財務分析を軽視しているわけではありません。財務分析は事業性評価や経営改善・再生支援を行う上で必要不可欠なものです。

　以前、あるベンチャー支援系の方が「われわれは、後ろを振り返らず、前だけを見て支援しています」という「めいげん（迷言）」を吐いているのを聞いたことがあります。その時は

「らしいなあ」と思いつつ、「だからダメなんだよ！」と心のなかでツイートしました。

　財務分析は、なぜ必要不可欠なのか。それは「過去を振り返り、現状を真摯に受け止め、経営や企業活動上の問題点などを的確に抽出しないと、取り組むべき課題が明確にされず、将来の成長・発展が思い描けないから」です。経営・事業はゲームやバーチャルではありません。実務やリアリズムが徹底的に要求されます。また、金融は博打ではありません。目をつぶり、「えいや」でやってはいけません。

　現状を冷徹に捉え、妥当かつ実現可能な未来予想図を描くことができなければ、絵空事に踊らされることになります。私は、嫌というほどそうした体験をしてきました。先ほど、ベンチャー支援系の方を腐したのも、そのためです。

　しかし、財務分析が事業性評価の全てではありません。「財務分析は、的確な現状把握に不可欠だが、今後の事業継続・持続的発展の見極めには役立たない」ということをわきまえなければなりません。事業継続・持続的発展の蓋然性を見極めるには、企業活動や環境変化の分析によって今後の機会・脅威／強み・弱みを抽出し、取り組むべき課題を導出する。そして、事業展開や経営資源の整備・強化に係る具体策／アクションプランの妥当性・実現可能性を評価する。このような分析・検討・評価を重ね、「今後、事業の持続性・付加価値生産性が向上する」ということを見極めなければなりません。

　それでも、「スコアリングや信用格付けが低いと、貸付けができないんだよなあ」という担当者の声が聞こえてきます。私

第2章 | 事業性評価、経営改善・再生支援のポイント

も若い頃、そう思っていました。

決裁する立場になっても、財務状況が厳しい案件が回付されてくると、担当者や課長に対し「現状が厳しいけど、大丈夫なの？」と、つい問いただしていました。そう、最終判断を行う立場では、責任を取らなければならないので、担当者や課長に対して詰めてしまうのです。

しかし、担当者や課長は、そこでめげてはいけません。「現状は厳しいが、具体的にこういう改善策に取り組むことによって、今後の持続的発展が見込まれる」といった説得力のある説明を上司にしましょう。「なるほど！」と高い納得感が得られれば、決裁者はハンコを押すかもしれません。要は、現状や実績だけでは計り知れない「今後」について、腹落ちする材料がそろい、事業継続・持続的発展の蓋然性を見極めることができれば、意識の高い決裁者は一歩も二歩も踏み込めるのです。

少しクールダウンします。財務分析の目的は「収支・財政上の問題点などを把握し、その原因・真相に係る仮説を導き出して、適切な企業活動分析につなげること」です。すなわち、財務分析は「事業性評価のスタート」にすぎません。「過去の成績表」にすぎない財務諸表から「今後の事業継続・持続的発展の蓋然性」を見極めることはできません。

過去の財務データに基づくスコアリングや信用格付けだけを根拠とした事業性評価は、バイアスを生みミスリードを招くだけではなく、将来性のある企業の芽を摘むことになりかねません。地域企業の帰趨を握る金融機関としては、スコアリングや信用格付けに依存せず、企業の将来をしっかり見極めていかな

49

ければなりません。

⑵ 「ゾンビ企業」って何？

　ヒートアップついでに「ゾンビ企業」についても「一過言（一家言ではなく）」申し上げたいと思います。

　国際決済銀行（BIS）は、インタレスト・カバレッジ・レシオ（＝（営業利益＋受取利息・配当金）÷支払利息割引料）が3年連続で1未満の企業をゾンビ企業と定義しています。大雑把にいうと、事業利益が金融費用を下回り経常損失が3年連続で発生している業績不振企業が、ゾンビ企業です。

　他方、『広辞苑（第7版）』（岩波書店、2018年）で「ゾンビ」は、「呪術によって生き返った死体」とされています。これを援用するとゾンビ企業は「金融支援などの呪術により生き返った経営破綻企業」ということになりそうです。

　このようにゾンビに対するBISの考え方と一般的な概念は、「生き続ける業績不振企業」なのか、「生き返った経営破綻企業」なのかで大きく異なっています。重箱の隅をつついているとか、屁理屈だと思われるかもしれませんが、事業性評価や経営改善・再生支援を検討する上でこの相違は看過できません。

　まず申し上げたいのは、金融機関が、業績不振企業に対し「経営改革・改善や事業再生の実施を約束させずに、金融支援を継続することはない」ということです。業績不振でも企業が生き続けているのには理由があります。過去蓄積した内部留保を取り崩したり、経営改善などの実施を要件に金融機関などから資金繰り支援を受けたりしているからです。しかし、経営が

第2章 | 事業性評価、経営改善・再生支援のポイント

改善されず、内部留保を食い潰したり、金融機関からの支援などが打ち切られたりすれば、こうした企業はおのずと破綻し市場から退出します。

　他方、一般的な概念に基づくゾンビ企業は、事業譲渡などによって「蘇った（黄泉帰った）企業」です。こうした企業は事業再生や企業再建、経営改革によって付加価値生産性が向上し、雇用が確保され、地域経済の振興・発展にも貢献します。以前、抜本再生を実施した企業の同業者の方から、「なぜ、競合先の再生支援を行ったのか」といわれ、呆気にとられたことがあります。ただ、こうしたことを除き、事業再生に取り組むゾンビ企業への支援を否定する人は誰もいません。

　将来性に見向きもせず、インタレスト・カバレッジ・レシオという財務指標だけで「退出すべき企業」が見極められるという思考は、ヒューリスティックといわざるを得ません。「的確な事業性評価によって生き残る企業、蘇る企業を見極め、きめ細かな金融支援や経営改善・再生支援を着実に行うこと」。これに優る施策はありません。

　金融機関・支援機関や経営改善、事業再生に取り組む企業の方々は、固定観念やバイアスにとらわれた妄論やヒューリスティックに惑わされてはなりません。取組みの正当性・妥当性を確信し、企業経営者は「経営改革・企業再建」に、金融機関などは「適切な事業性評価に基づく金融や経営改善・再生支援」に、それぞれ邁進していただきたいと思います。

6 粉飾だから貸せないの？
〜信頼関係の再構築が重要〜

　企業審査を行う者にとって、「粉飾を見つける」ことは、刑事が捜査を進めるなかで容疑のエビデンスを見つけだし、誰も気づかなかった「悪事を暴いた」というような、一種の快感が得られることなのかもしれません。私も、入庫3・4年目に企業審査を担当していた頃、提出された決算書・試算表と総勘定元帳や補助簿、現金出納帳などを突き合わせ、実地調査を行って粉飾や不良資産の発見に努めました。

　ただ、粉飾などを発見しても、先ほどのような快感は一瞬で消え、ほどなく「なぜ、ごまかすのか。嘘をつくのか」「なぜ、正直に相談してくれなかったのか」と怒りや悲しさが湧いてきたことを覚えています。

　経営者が粉飾などに走りたくなる気持ちは、よく分かります。金融機関や得意先との関係・取引（建設業における経営事項審査などを含む）を維持するためには赤字を出せない、債務超過を糊塗したい。そうした強い「動機」にさいなまれてしまうのでしょう。そして「いまだったら大丈夫だろう」「誰も気がつかないだろう」と「機会」を捉え、「こうしないと企業を守れない」「どうせ他の企業もやっているから」と自らの行為を「正当化」する。こうして「不正のトライアングル」が成立し、粉飾に手を染めてしまうということだと思います。

　さらに恐ろしいのは、ひとたび一線を越えてしまうと過去と

の整合性を保つため、粉飾を繰り返し糊塗を重ねていかなければならないことです。こうした「やるせない作業」に膨大な時間とコストを費やさなければならず、しかも本当の実態がどうなっているのか、だんだん分からなくなります。

企業自身が正確に実態を把握しないと、経営・企業活動上の問題・課題を的確に捉えられず、解決に向けたアクションを起こせません。そうなれば、収支の改善を図ることができず、さらに粉飾を重ね、どうなっているのか分からないまま、やがて金融支援が限界に達し、資金がショートして破綻を迎えます。なんだかテレビドラマを見ているような感じがするかもしれませんが、現実に起こっていることです。

金融機関が粉飾を行っている企業に直面したとき、どう対応すべきでしょうか。当然、積極的な対応はできません。しかし「粉飾をしているから貸せない」という紋切型の対応が本当に適切なのでしょうか。内規などで粉飾企業への貸付けが禁止されている金融機関の場合は、考えるまでもありません。コンプライアンスは徹底しなければなりません。そうではない金融機関の場合には、「なぜ粉飾企業に貸してはならないのか」をあらためて考えてみてください。様々な意見・考え方があると思いますが、私は以下の2点がその理由であると考えています。

① 経営や事業の実態が把握できず、今後の事業継続・持続的発展が見極められないから
② 経営者の資質・適性が認められず、経営管理体制・方法に重大な問題があり、経営破綻の懸念が払拭できないから

ただ、裏を返せば「貸せない理由がクリアされれば、貸せ

る」ということになります。貸せない理由がクリアされ、貸せる理由に転じていくプロセスをみていきましょう。

(1) 実態が把握できず、今後が見極められない
→実態が把握でき、今後の見通しが立てばOK

粉飾などが行われている決算書・試算表から財務上の真の問題点を把握することはできません。そうなれば、経営・企業活動上の問題・課題を的確に導出できず、今後の事業継続や持続的発展の蓋然性を見極めることは不可能です。

したがって、粉飾決算などを用いずに財務の実態を把握しなければなりません。具体的には、まず総勘定元帳で数値改竄の動きを確認しながら、補助簿・台帳・伝票や製造・販売などに関する社内管理資料・データを収集・分析します。さらに、事業所の実地調査や関係者への聴取により社内管理資料などの裏付けを取ります。このような地道な作業により、できるだけ実態に近い財務状況を把握するよう努めます。

残念ながら、こうした作業が徒労に終わることもあります。すなわち実態財務が把握できなければ、借入申込みを否決・謝絶せざるを得ません。しかし、実態把握ができ、経営・企業活動上の問題・課題が的確に導出されれば、以降の分析・検討、検証・評価が可能となり、今後の事業継続・持続的発展を見極めることができるかもしれません。当然、以降の分析・評価の結果、今後の持続的発展を見極められなければ、結論は同じになりますが、まず、貸せない理由の「第1関門」は突破です。

(2) 経営管理体制・方法に問題がある
→経営管理体制・方法が是正・強化されればOK

　実は、この第2関門がまさに「難関」で、粉飾が行われている企業に貸付けできない「本質的な問題」といえます。

　先ほど「不正のトライアングル」に言及しましたが、あのような思考を行い、粉飾を実行に移すこと自体、経営者として（というよりも社会人として）問題であり、資質・適性や人間性を疑わざるを得ません。

　粉飾は、平たくいえば「嘘をついて、だますこと」です。確信犯的に粉飾を行い、金融機関や取引先を欺いても平気な経営者は論外ですが、なかには出来心でやってしまい、罪の意識にさいなまれている経営者もいると思います。しかし、そうした経営者にも悔い改めてもらわなければなりません。経営者の軽率な行動によって経営が破綻すれば、社員やその家族を路頭に迷わせることになります。また、その企業との取引によって付加価値を生み、地域経済の振興・発展に貢献する仕入・外注先や販売先に悪影響を及ぼします。

　それゆえ、粉飾に手を染めた経営者に対しては、

① 粉飾をどのように捉えているのか

② 粉飾を招いた原因は何か

③ 二度と粉飾を行わないために、何をすべきか

といったことをただし、経営姿勢の是正・改善や経営管理体制・方法の見直しを強く促していかなければなりません。

　ここで重要なのは、経営者自身に考えさせ、「粉飾がどれほ

ど罪深いのか」を納得させること。そして「二度と繰り返さないため、どのような行動をしなければならないか」を経営者から引き出し、約束させることです。金融機関からいわれて嫌々やるのでは、嘘の上書きをされるだけです。自主的・自律的に遂行・徹底しなければ、まったく意味がありません。

① 粉飾をどのように捉えているのか

まず、「粉飾をどのように捉えているのか」を経営者に確認します。「確認するまでもなく、悪いことと認識しているだろう」と考えている、そこのあなた！ 人が良すぎます。

すでに「不正のトライアングル」の「正当化」が行われているのです。粉飾に手を染めた経営者の多くが「何が悪いのか」「みなやっているよね」「だまされる方が悪い」と考えているのではないでしょうか。

そういう考え方には、毅然と対応しなければなりません。「粉飾は嘘をついてだます行為。良いわけがない」「粉飾する企業はほとんどない。みな誠実に対応している」「あなたは詐欺師か？ あなたのような人を盗人猛々しいというのだ」。こうしたことをマイルドな表現にしつつ、経営者に厳しく伝えなければなりません。

さらに、粉飾の弊害について諭し、改悛を促します。「粉飾を重ねていると、自社の実態が分からなくなり、経営判断を誤ってしまう」「どんなに巧妙に粉飾しても必ず露見する。そうなれば、これまで築き上げてきた取引先や金融機関との信頼関係が瓦解し、対外的な信用が失墜する」。こうしたことを切々と説き「粉飾がいかに不毛で、経営危機を招く悪行である

か」を経営者に納得してもらうことが肝要です。

　ここで改悛せず、「二度と粉飾を行わない」と約束できない経営者は、資質・適性に問題があるといわざるを得ません。残念ながら、こうした経営者には交代や事業譲渡を強く迫り、事業の継続・持続的発展を担保しなければなりません。

　②　粉飾を招いた原因は何か

　次に、「粉飾を招いた原因」について経営者に尋ねます。ここでいう「原因」とは粉飾の「動機」ではなく、粉飾の実行に至った「経緯」のことです。すなわち、どのようなプロセス／メカニズムで粉飾が実行されたのかを明らかにすることが目的です。不正のトライアングルでいう「機会」がどのように生じたのかをつまびらかにします（図表2－6）。

　「金融機関や得意先との関係・取引を維持するためには、赤字を出せない、債務超過を糊塗したい」。そうした動機が粉飾の「きっかけ」になったのは間違いありません。しかし、そう思うだけでは実行に移されません。粉飾の実行へと動き出すためには、「経営者の指示」「経理部署の忖度」「社員による不正の隠蔽」といった「1）粉飾の起点」が必要になります。

　起点によって粉飾の実行が発動されると、次に「2）粉飾の企画・実行」プロセスに移ります。ここでは、もっぱら経理部署において粉飾の検討・処理が行われ、経理部署の責任者が決裁・承認します。そして、「3）粉飾決算の作成」が経理部署において行われ、監査役などによる「4）監査・チェック」を経て、取締役会などで「5）粉飾決算の承認」が行われます。これで「粉飾が完了」します。

図表2-6　粉飾実行のプロセス・メカニズム

1）粉飾の起点
・経営者の指示、経理部署の忖度、社員による不正の隠蔽

2）粉飾の企画・実行
・経理部署における粉飾の検討・処理、経理部署の責任者の決裁・承認

3）粉飾決算の作成
・経理部署における粉飾決算の作成

4）監査・チェック
・監査役などによる監査・チェック

5）粉飾決算の承認
・取締役会などにおける粉飾決算の承認

このように、多くの当事者が多段階に関わって粉飾が実行されます。多くの当事者が「粉飾は嘘をついて人をだます行為」と認識し、「自社において粉飾が行われている」とは思ってもいないでしょう。しかし、こうした当事者が不正を看過し、一部の当事者が黙認・追認することによって、粉飾という「悪行」が成立してしまうのです。

どこかのプロセスでサーキットブレーカーが働けば、不正が食い止められ、粉飾は成立しなかったはずです。「各プロセスにおいて、不正防止策が適切に設定され、実施が徹底されているか」「経営者の独断専行や経理部署などの暴走を抑える対策が講じられているか」「過度に経営者や上司に忖度し、不正を許す企業風土になっていないか」。こうしたことをしっかり点検し、不備や問題を是正・解消しなければなりません。

「粉飾を招いた原因」を経営者自身に考えさせ、「不正の温床がどこなのか」をしっかり認識させること。これこそが、適切な「粉飾防止対策」を設定する上で、非常に重要な取組みになると肝に銘じてください。

　③　二度と粉飾を行わないために何をするか

　あぶり出された不正の温床を踏まえ、「二度と粉飾が行われないようにするには、どのような対策を実施しなければならないか」を経営者に考えさせます。ガバナンスは経営の要諦です。経営者が責任をもって不正防止対策を設定し、主導・徹底しなければなりません。

　まず１）粉飾の起点が発生しないようにするための対策を考察してみましょう。

　先ほど、経営者の指示、経理部署の忖度、社員による不正の隠蔽の３パターンを提示しました。このうち、経営者の指示が行われないようにするには、経営者自身の意識改革と併せて、理不尽な指示が行われた場合の監査役・取締役会への報告、経営者への諫言、指示の取り消しを内規などに定め、実施を徹底することが有効です。また経理部署の忖度、社員による不正の隠蔽に関しては、企業風土の変革や社員一人ひとりの意識向上を図るとともに、内部通報制度を導入したり、経営者や経理部署における複眼チェックしたりすることが必要です。

　次に２）粉飾の企画・実行、３）粉飾決算の作成についてみてみましょう。

　仮に１）粉飾の起点が発生しても、粉飾処理や粉飾決算の作成に至らなければ、粉飾を封じ込めることができます。

経営者が全ての経理処理や決算作成に眼を光らせ、チェックを行うのがベストですが、現実的ではありません。例えば「一定金額以上や特定科目の経理処理を経営者がチェックする」「期末月を含め毎月の試算表や締め後の決算修正について、経営者・監査役・公認会計士の精査を受ける」といった対策であれば可能ですし、粉飾防止に有効なものと考えられます。

　最後の5）粉飾決算の承認の前に必ず経営者・監査役などのチェックを受けるため、そこで食い止めることも理論上可能です。しかし、巧妙に仕掛けられた粉飾を、この時点で見抜くのは困難です。やはり2）粉飾の企画・実行、3）粉飾決算の作成プロセスにおいて、粉飾の芽を摘み、粉飾に荷担した取締役・社員などを厳しく処分して、再発防止を含め粉飾撲滅を実現していかなければなりません。

　経営者は経営・事業運営に関する重大な責任を負っており、「経理部署や営業・調達部署などでの不正に気がつかなかった」ではすまされません。もし、管理・監督責任を感じていなかったり、不正を社員のせいにしたりすれば、経営者としての資質・適性が疑われます。経営者自身が襟を正し、リーダーシップを発揮して、適切な経営管理を進めていかなければなりません。その結果、「二度と粉飾が行われることはない」と見極めることができれば、貸せない理由はなくなります。難関の「第2関門」クリアです。

(3) もうかる企業とは

　本項の最後に「もうかる企業」について考えてみます。

　「利益をあげている企業とキャッシュを稼いでいる企業」。あなたは、どちらが本当のもうかる企業だと思いますか？　「両者は一緒でしょ？」と思われる方も少なくないでしょう。

　しかし、私は後者、「キャッシュを稼いでいる企業」がもうかる企業だと考えます。例えば、「売上高が増加し経常利益を計上しているが、売上げの回収が長期化したり、在庫が増加したりで、経常収支が赤字になっている企業」は、もうかる企業とはいえません。

　「利益を計上しているが、経常収支は赤字が続いている企業」をたまに見かけます。なかには粉飾が疑われる企業もありますが、「急速に事業を拡大しているものの、支払が先行し売上げの回収が遅れるため、経常収支の赤字が続いている」という企業もあります。こうした企業は、金融支援がついて来られなくなると、資金がショートし経営破綻に追い込まれます（いわゆる黒字倒産）。それゆえ、事業の継続・持続的発展のためには「経常収支の黒字」を維持・拡大することが不可欠であり、事業性評価などにおいては「経常収支が過去どのように推移し、今後どのようになるか」を見極めなければなりません。

　では、なぜ「キャッシュを稼げない」のでしょうか。端的に申し上げると「ビジネスモデルに問題がある」か、「経営・事業運営に問題がある」か、いずれにも該当するかだと思います。これらは、いずれも小手先の改善では解決されない「本質

的な問題」に根ざしているといえます。

　急速に事業を拡大する企業が経常収支を黒字化し、キャッシュを増やしていくには、いったん立ち止まり、売上げの回収や在庫の処分などを最優先で進め、まず資金を確保する。併せて、キャッシュ重視のビジネスモデル／経営・事業運営に転換し、リードタイムや在庫・回収期間の短縮化、資本効率の向上を図り、次のビジネスへの資金投入が円滑に行われるようにする。こうした取組みにより資金の好循環を生み出していくことが有効です。また、粉飾が行われている企業の場合は、経営者が改悛し経営管理体制・方法の強化・見直しを進めるとともに、事業の再構築を断行し、「利益やキャッシュの確保・増加につながるビジネスモデルなどへ転換すること」が必要です。

　経営管理体制・方法が是正され、粉飾が撲滅されても、「もうかる企業」に生まれ変わるわけではありません。経営・企業活動上の問題点を抽出し、課題や採るべき具体的対応策をしっかり導き出す。そして経営改革を徹底し、事業の持続性・付加価値生産性を相乗的に向上させる。キャッシュを稼ぐ企業に転生し、粉飾企業に逆戻りしないようにするには、強い意志をもって、こうした取組みを断行しなければなりません。

　特に後者は難しいミッションになりますが、金融機関などとの信頼関係を再構築し、支援を受けながら、着実に改革・改善を進めていかなければなりません。

7 「課題がない企業」は存在しない

(1) 企業は、現状のままでは必ず滅ぶ

某地方銀行で勉強会の講師を務めた際、受講者の方からこんな質問を受けました。

「中小企業の経営者に長期的な経営計画の策定を提案しても「手続が面倒だ」「うちには必要ない」といったネガティブな反応をされることが少なくありません。計画の必要性について、顧客本位の説明の方法などをご教授ください」

「顧客企業の経営向上のため、なんとかしたい」という強い熱意が感じられる素晴らしい質問です。ですから、私もなんとかこれに応えたいと、以下のとおりお答えしました（文書で回答したままを掲載します）。

「確かに業績が優良な企業では「現状、特に問題点はない」ということでしょう。しかし外部環境は大きく変化し、内部環境についても少なくとも経年劣化は進展します。5年後、10年後に現在の業績を維持している保証は何もありません。」

「「私たちの身体は分子的な実体としては、数ヵ月前の自分とはまったく別物になっている」（福岡伸一『新版 動的平衡 生命はなぜそこに宿るのか』小学館新書、2017年）、「老化は細胞レベルで起こる不可逆的、つまり後戻りできない「生理現象」で、細胞の機能が徐々に低下し、分裂しなくなり、やがて死に至ります」（小林武彦『生物はなぜ死ぬのか』講談社現代新書、2021年）

とのこと。企業も、社内の新陳代謝が行われず、多様な環境変化に対応できなくなれば、やがて死に至るのです。今後の環境変化に適応していくために、企業が取り組むべき課題は山積しているはずです。

「計画策定の必要はない」という経営者に対しては、「環境変化に適応するには、今後に向けた課題に取り組む必要がある。そうした取組みを着実に進めるためには、計画策定が不可欠である」と説明し、取組みを促していく必要があります。なかには「融資や補助金、税制上の優遇措置を取りつけるためだけに計画を策定する」という経営者もいます。こうした経営者に対しては、「せっかく策定するのだから、御社の経営改革に資する計画にしましょう」と提案することが有効です。

「私は30代半ばの頃、経営革新計画等の策定支援を30〜40件手がけたことがあります。その際、経営者とのひざ詰めの対話を通じて、新事業や経営革新のネタを掘り起こし、「ぜひ、それを事業化しましょう」と提案し、新製品・サービスや事業態勢のイメージを膨らませ、具体化して、計画策定までこぎ着けました。やはり、「この担当者は、本気でわが社の将来のことを考え、一緒になって経営改革を進めようとしている」と経営者に感じてもらうことが大事であると考えます」

われわれが存在する宇宙には、「エネルギー保存の法則」と「エントロピー増大の法則」が貫かれ、全ての物質の動静にあまねく影響を及ぼしています。宇宙全体としてのエネルギー量が一定に保たれるなか、エントロピー増大により既存物質の混乱・劣化・破壊が不可逆的に進行するとともに、エネルギーが

移動して新たな物質が生成され、新陳代謝が進んでいく。非常に乱暴にいうと、われわれは、こういう「真理」に拘束され、逃れることができないと私は考えています。

「ゆく河の流れは絶えずして、しかも、もとの水にあらず。よどみに浮かぶうたかたは、かつ消え、かつ結びて、久しくとどまりたる例なし。世の中にある、人と栖と、またかくのごとし」（『方丈記 現代語訳付き』角川ソフィア文庫、2010年）

「祇園精舎の鐘の声、諸行無常の響あり。娑羅双樹の花の色、盛者必衰の理をあらはす。驕れる者も久しからず、ただ春の夜の夢の如し。猛き人もつひには滅びぬ、ひとへに風の前の塵に同じ」（『平家物語 上巻』角川文庫、1959年）

日本人にはなじみ深い「無常観」はエネルギー保存の法則、エントロピー増大の法則に支配されたこの宇宙の真理であるといえます。2000年以上も前に、「諸行無常」「諸法無我」を悟ったお釈迦様などは、本当にすごいですね。

本章第2項でも少し触れましたが、「課題」は経営・企業活動上の問題を解決するために「取り組むべきテーマ」です。外部環境がめまぐるしく変化し、内部環境の劣化が不可逆的に進行するなか、企業は将来にわたって脅威・弱みにさらされ続けることになります。それゆえ、経営・企業活動上の問題／課題への対応を断続的に実施しなければなりません。

仮に、経営・企業活動上の問題が今後もまったく想定されない企業（実際にはあり得ませんが）であっても、エントロピー増大の法則を免れることはできず、何もしないと「崩壊・破綻」に至ることになります。したがって、生き残りを目指す全

ての企業は、経営・企業活動に関する課題に取り組み、エント
ロピー増大の法則に抗って、企業内の新陳代謝を進めていかな
ければなりません。

　昔、あるパワハラ系の先輩から「課題のない企業はない」と
いわれました。当時はその先輩への反発から「そうですね」と
聞き流していましたが、いま振り返ると「実は卓見だったので
はないか」と、素直に感じます。

⑵　生き残るために「課題」に取り組む

　環境変化に伴い新たにする経営・企業活動上の問題に対応す
るため、全ての企業がそれぞれの課題に取り組まなければなり
ません。とりわけ、抜本的な経営改善や事業再生が必要な企業
においては、生死に関わる重大事と捉え、真剣に取り組むこと
が求められます。

　ただ、「今後に向けて取り組むべき課題や具体的対応策は何
か」「対応策を円滑・着実に実施するため、どうしなければな
らないか」が分からない経営者も少なくありません。それゆ
え、経営改善や事業再生の取組みに逡巡したり、円滑に進めら
れなかったりして、負のスパイラルに陥るケースもめずらしく
ありません。

　「経営者は、孤独である」。私は、そうした言葉を多くの経営
者から異口同音に聞いてきました。補佐役や幹部社員、取引先
や税理士、異業種の経営者仲間など経営者のまわりには多くの
関係者がいます。しかし、経営や事業運営について胸襟を開
き、腹を割ってなんでも相談できる相手は、ほとんどいないの

かもしれません。業績低迷・不振を余儀なくされている経営者は、なおさらです。それゆえ、金融機関は「信頼のおける相談相手」にならなければなりません。

①　取り組むべき課題の導出

思い悩み、逡巡する経営者に対しては、まず金融機関や支援機関が寄り添い、親身に相談に乗り、悩み事や心配事に耳を傾け、「一緒に抜本的な経営改善や事業再生に取り組んでいこう」と提案することが重要です。「取り組むべき課題」を明確にするためには、まず「当社の強み・弱み、対象市場における機会・脅威が何か」を見極め、経営者と認識を共有しなければなりません。その際、以下の手順で検討・協議を進めることが有効です。

1）　財務の時系列推移や同業者比較のデータ、製造・販売などに関する社内管理資料の分析結果を共有する

2）　上記のデータを踏まえ、財務上の問題点などの根本原因や真相に関する仮説を一緒に検討・設定する

3）　企業活動分析によって仮説を検証し、「現状の機会・脅威／強み・弱み」を見極め、共通認識を形成する

次に、外部・内部環境が今後どのように変化するかを分析し、「今後の機会・脅威／強み・弱み」を見極めます。

外部環境に関しては、統計データや同業者の動向などを踏まえ、経営者と今後の変化について検討・協議を行います。「今後、需要はどのように変化するのか」「競合先の動静はどのようになるか」「市場のライフサイクルや需要・供給の見通しを踏まえると、新たに機会・脅威が発生するのではないか、機会

が脅威に変わるのではないか」。そうしたことをディスカッションし、経営者との間で今後の機会・脅威に関する認識を共有します。また、外部環境変化の影響や劣化・陳腐化・老朽化の進行などによって、取扱製品・サービス、人材、設備、技術・ナレッジ、仕入・外注先、販売先、事業体制・方法などが、どのように変化するかを、経営者とともに分析・検討します。内部環境（経営資源）には所与の前提条件があり、今後の変化がある程度計算できるため、経営者の主観や恣意を抑え、今後の強み・弱みを冷徹に見極めることが重要です。

　そして、いよいよ経営者とともに「今後に向けて取り組むべき課題」を導き出す工程に移ります。

　すでにお話ししたとおり、採るべき事業展開の方向性は、対象市場の機会・脅威に基づいて他律的に決定されるものです。経営者には別の想いがあるかもしれませんが、「機会をしっかり獲得し、脅威を適切に回避しなければならない」ということを丁寧に説明し、納得を得ることが必要です。また、今後の事業展開を円滑に進めていくためには、経営資源の整備・強化を着実に進め、強みの活用、弱みの克服を図っていかなければなりません。経営資源の整備・強化にあたっては、「選択と集中」を旨とし費用対効果を十分に考慮することが重要です。限られた経営資源・資金をムダなく投入し、最大限の効果を引き出すことが得策であると十分に納得してもらわなければなりません。

② 　具体的対応策の設定、アクションプランの策定
　導き出された課題を円滑・着実に達成するため、経営者と協

議し、「1）必要な経営資源の特定→2）経営資源の整備・強化策の設定→3）事業展開の実施策の設定」という手順で具体的対応策の検討を進めます。

1）必要な経営資源の特定においては、「今後の事業展開に必要な経営資源は何か」「その経営資源はあるか」「その経営資源は事業展開に活用できるか、整備・強化が必要か」を確認します。その結果、「必要な経営資源がない」「既往経営資源は活用できない」という場合は、次の2）経営資源の整備・強化策を検討し、最後に3）事業展開の実施策を設定します。

経営資源の整備・強化策、事業展開の実施策の設定にあたっては、本章第3項で申し上げたとおり5W1Hを意識して、取組みの趣旨・目的、内容・方法・プロセス、実施体制、実施時期・場所を明確にしなければなりません。実際に具体的対応策を遂行するのは社員の方々です。プロジェクトに参画する一人ひとりが計画を理解し、それぞれの責任と役割を果たさなければ、円滑・着実な対応策の実施がかないません。対応策の詳細化は、そうした意味でも不可欠です。

具体的対応策の設定が行われたところで対応策の妥当性・実現可能性の評価を行い、「対応策が円滑・着実に遂行され、効果・成果が見込まれるか」を確認します。そして、事業展開の実施策／経営資源の整備・強化策、モニタリング項目・指標などが盛り込まれたアクションプランの策定を、経営者に要請します。

本プロセスでは、実務を踏まえた詳細かつ緻密な検討、社員一人ひとりへの周知徹底、関係者への説明／連絡・調整などが

必要となります。それゆえ、以下の取組みを全社的に行い、円滑にタスクを進めることが有効です。

・プロジェクトチーム（PT）による計画策定：関係部署の担当者をメンバーとするPTを顧客企業内に編成し、対応策などの詳細な企画・検討を実施してもらう

・外部専門家の活用：対応策の検討に係る助言・サポート、アクションプランの作成・取りまとめ、金融機関など関係者への説明／連絡・調整などをコンサルタントに委託する

　抜本的な経営改善や事業再生が必要な企業は、経営者の意識が高くなく、有能な人材も多くないため、金融機関・支援機関によるハンズオン支援が不可欠です。大きな負担となりますが、使命感をもって取り組んでいただきたいと思います。

⑶　環境変化に応じた事業性評価の見直し

　先ほど方丈記や平家物語を例に「無常観」について触れ、「外部環境がめまぐるしく変化し、内部環境の劣化が不可逆的に進行するなか、全ての企業が経営・企業活動に関する課題に取り組み、企業内の新陳代謝を進めていかなければならない」と申し上げました。また第1章で「事業性評価の賞味期限は半年間程度なので、日常的に経営や企業活動に関する情報・データを収集・分析して事業の動態を捉え、評価をアップデートしければならない」とお話ししました。ただ、事業性の動態評価には時間と手間が相当かかります。それゆえ「誰が、いつ、どのように行うか」をあらかじめ定め、計画的・組織的に進めていかなければなりません。

まず「誰が行うのか」ですが、主役は顧客企業と日常的に接触する営業部や支店の方です。事業性の動態評価においては、経営者との対話や実地調査などを重ねる必要があるため、営業部や支店でなければ対応できません。

次に「いつ行うのか」。事業性評価のアップデートは、貸付けや自己査定のときも行われますが、日常的な営業活動、モニタリング・経営改善支援の際に行うものがメインです。金融／経営改善・再生支援のスケジュールを踏まえ、動態評価と支援が一体的に進められるよう実施計画を策定。そして日常的な面談・ヒアリング・実地調査のなかで、情報・データの入手、分析・検討・評価を行い、事業性評価をアップデートすることが有効です。

以降、日常的な営業活動やモニタリング・経営改善支援において、事業性の動態評価を「どのように行うのか」、みていきたいと思います。

① 日常的な営業活動（経営者との対話）

1） 事前準備

まず、経営者との面談に向けて事前準備を行います。具体的には提出された決算書・試算表を財務諸表に整理し、時系列推移の分析や同業者データとの対比を行って、財務上の問題点などを把握します。また統計データなどを収集し、対象市場における需要・供給の動向を分析します。そして財務上の問題点などの原因を検討し、経営・企業活動上の問題点などに関する仮説を設定します。

2） 経営者との面談、実地調査

　経営者との面談においては、事前に設定した経営・企業活動上の問題点などの仮説を踏まえ、経営・事業に関する「ひざ詰め」の対話を行います。また、必要に応じて事業所の視察や社内管理資料の確認を行い、仮説を検証して、対象市場の機会・脅威／経営資源の強み・弱みに係る共通認識を形成します。さらに、外部・内部環境の変化に関するディスカッションを行うとともに、今後の経営・事業方針、事業展開／経営資源の整備・強化に係る取組方針について確認します。

3） 課題の導出、具体的対応策の検討

　経営者との面談後、ディスカッションや方針確認の結果を踏まえ、事業展開や経営資源の整備・強化に関する課題、採るべき具体的対応策を検討します。そして、具体的対応策の妥当性・実現可能性を評価し、検討結果をレポートに取りまとめます。

4） 計画策定の提案・支援

　レポート作成後、あらためて経営者と面談し、事業展開や経営資源の整備・強化に関する課題や採るべき具体的対応策についてディスカッションを行います。経営者の意向・方針と食い違う場合には、レポートに基づいて採るべき課題・具体的対応策に関する私見を説明します。そして、妥当性・実現可能性について討議のうえ認識を共有し、経営者から高い納得感を得ることが重要です。

　共通認識が形成されたところで、経営者に対し事業計画の策定を慫慂し、経営者の決断、自律的行動を促します。その結

果、経営者の同意が得られれば、基本計画・アクションプラン
の策定、社内外の関係者との折衝・調整、他の金融機関や支援
機関への支援要請などをサポートします。

５）　ソリューション提案

　策定された基本計画・アクションプランを精査し、あらため
て事業展開や経営資源の整備・強化に係る具体的対応策の妥当
性・実現可能性を評価し、今後の事業継続・持続的発展の蓋然
性を見極め、「事業性の再評価」を行います。そして、アップ
デートされた事業性評価を踏まえ、基本計画・アクションプラ
ンの実施に必要なソリューション（金融・経営改善支援）を策
定し、経営者に提案します。

　②　モニタリング、経営改善支援

１）　アクションプランの確認

　提出されたアクションプランを精査し、事業展開や経営資源
の整備・強化に係る具体的対応策、KPIなどを確認します。そ
の結果、具体的対応策やKPIなどが不明確な場合は、是正・改
善を要請します。またアクションプランを鵜呑みにせず、妥当
性・実現可能性をしっかり評価し、問題点があれば修正・見直
しを求めます。実抜計画に基づき抜本再生を行う場合、事業の
再構築や抜本的な業務改善を実施して収益体質の改善を図り、
少なくともEBITDA（利払前・税引前償却前利益）を黒字化しな
ければなりません。各金融機関において再生計画の検証・評価
をそれぞれ行いますが、計画の妥当性・実現可能性について他
の金融機関とも共通認識を形成することが肝要です。

２） モニタリング

　アクションプランに基づいて取組状況をモニタリングし、計画どおりに具体的対応策が遂行され、KPIを達成しているかどうかを確認します。その際、計画の未達や成果の下振れがあればその原因を究明し、具体的な改善策を検討します。

３） 改善指導・助言

　検討の結果を踏まえ、経営者とディスカッションを行い、未達・下振れの原因や必要な具体的改善策について認識を共有し、改善策の実施に係る合意を形成します。

　改善策実施の結果、未達・下振れが解消される場合は、事業性評価は維持されます。しかし未達・下振れが続き、アクションプランの見直しが必要な場合は、状況に応じて「事業性評価のアップデート」を行わなければなりません。なお、日常的な営業活動などによる事業性の動態評価は、金融／経営改善・再生支援を円滑・的確に行うことが目的です。したがって、アップデートするたびに自己査定・信用格付けの見直しを行う必要はないと、私は考えます。

⑷　こぼれ話

　もう20年以上前になりますが、当時の「私の行動」についてお話しします。

　30代の７年間、私は２支店で融資を担当していました。もともと中小企業向け融資をやりたくて公庫に入りましたが、20代半ばから30歳頃は経営企画の下働きをしたり、旧通商産業省に出向したため、支店勤務がかないませんでした。

通産省では立地政策に係る特別貸付、税制上の優遇措置の企画立案、折衝・調整や工場緑化の推進などに携わり、激務でしたが得難い経験を積むことができました。しかし、初志は変え難く、出向後支店に異動したときの喜びはひとしおで、「必ず経営者と面談し、一社当たり最低1時間は居座って経営・事業について、ひざ詰めで対話する」という目標を掲げ、嬉々として営業活動にいそしみました。

ただ、他愛のない話や制度説明だけでは間がもちません。そこで、事前に事業内容や財務状況を頭に入れ、経営や事業、業界動向などについて経営者とディスカッションを重ねました。というより実態としては、経営者から一方的に教えていただいたというべきかもしれません。

しかし、事業や経営方針について尋ねられ、嫌がる経営者は、まずいません。むしろ話したがっている経営者が多かったため、結構話がはずみました。特に若い方々には、失敗を恐れず積極的に経営者の懐に入ることをお勧めします。失敗が許されるのは若者の特権です。

話が少しそれてしまいました。もとに戻します。

当時私が勤務した2支店は、いずれも構造不況業種が多いエリアを管轄していました。それゆえ、過小資本・債務超過を余儀なくされたり、キャッシュアウトが続いたりといった企業が少なくありませんでした。

こうした企業は、いわゆるスコアリングが低く、今後の見通しが描けません。そこで、どのように支援していけばよいのか、自分なりに模索し、「新事業や経営革新への取組みを慫慂

し、収益向上を図るとともに設備投資などを促して金融支援を積極的に行おう」という結論に達しました。

上司からは「役所に行って企業をみる眼が錆びついているかもしれないが、中堅なのだから、自分でなんとかしなさい」というような、ありがたいサジェッションをいただきました（指示ではありません）。私にとっては渡りに舟で、「では、好きにさせてもらいます」と新事業や経営革新の支援に積極的に取り組みました。

具体的には、新事業や経営革新の内容、アクションプラン、取組効果などに関して詳細にヒアリングを行い、妥当性・実現可能性について経営者とひざ詰めのディスカッションを重ねました。その上でゴーストライターとして計画のドラフト作成や修正を行い、社内外への説明や計画の遂行に関する打ち合わせなどを進めました。まるでコンサルタントのような仕事を趣味と実益を兼ねて行いましたが、一社平均で延べ20時間程度を費やしたので、結構しんどかった記憶があります。

失敗談もあります。とある素形材加工関連の企業において計画書のゴーストライターを務めたときのこと。革新的な熱処理技術を強調するため、時間・温度・プロセスを詳細に聴き取り、ドラフトに記述したところ、「ノウハウが漏れてしまうから勘弁して」と諫められ、勇み足を反省しました。

また某都道府県では、関与した計画の申請件数が多かったためか、あるとき、担当の方から「あなたの名前で推薦書を発行してほしい。円滑に承認するから」と要請されました。私はびっくりして「支店長ではなく、私が推薦者でいいんですか？」

と再確認したところ、「構わない。その代わり、もっと申請を促してほしい」といわれ、「なるほど、そういうことか」と納得したことを覚えています。このように都道府県の担当の方とも懇意になり、結果的に30〜40件ほどの新事業・経営革新計画に携わることができました（担当顧客の2割程度）。

多くの経営者から、「低利融資や特別償却、補助金を受けられるだけでなく、社内一丸となって新事業・経営革新に取り組むことにより、社員の意識も高まって活性化が図られた」という感謝の言葉をいただきました。なかには、お子さん・お孫さん、仲が悪い経営者仲間、不倫相手の話まで、経営・事業とは無関係の相談を受けることもありました。こうした取組みを重ねることにより、互いに胸襟を開き、腹を割って何でも話せるような「信頼関係」を経営者との間で築くことができたと感じています。

私が支店から異動するとき、某地方銀行の支店長（専務）に挨拶にうかがいました。この支店長とは、たまに顧客のところでニアミスしており、支店長も認識されていたのでしょう。「君は、時々見かけるな。そうか、転勤するのか。君がいなくなると、営業がやりやすくなるな」と支店長から望外の「はなむけ」の言葉をいただきました。当時は非常におおらかで、「民業圧迫」といわれることもなかったのですが、私は素直に「業界の大先輩の言葉」を受け取り、このときの感激はいまでも忘れられません。上司の褒め言葉は大抵すぐ忘れますが、顧客や同業者からの感謝、ねぎらい、讃辞は忘れられないものです。

自慢話がすぎましたね。でも、特に若い方々には、こうした
ベテランの体験談に耳を傾け、参考にしていただきたいと思い
ます。私は、私なりにこうした取組みを実践し、事業の継続・
持続的発展の蓋然性を見極める力を養ってきました。重要なの
は専門的な知見やスキルではなく、旺盛な好奇心と顧客企業に
対する深い想いであると考えます。

　日常的な営業活動において経営者とひざ詰めの対話を行い、
取り組むべき課題とアクションプランを共有して事業性を見極
め、評価をアップデートする。そして、経営改革・改善や事業
再生の取組みが推進されるよう、経営者の背中を押し、サポー
トしながら共に歩んでいく。

　こうした取組みを重ねることにより、事業性評価や経営改
善・再生支援に関する経験が蓄積され、経営者との信頼関係が
強固なものとなります。すると、おのずと営業活動が円滑に進
み、貸付けなどを伸ばしていくことにつながるのです。

　当然、顧客企業の持続性・付加価値生産性は向上し、雇用の
確保や地域経済の活性化がもたらされます。

　「なんと、やりがいのある仕事だろう」。そう思いません
か？　金融機関のみなさんに、ぜひ、こうしたことを体感して
いただきたい。これが、私の切なる願いです。

第 3 章

事業性評価、
経営改善・再生支援の
組織的推進

1 属人性に依存しない高度な対応の実現

　事業性評価や経営改善・再生支援は、どんなに優れたエキスパートがいても、一人ではできません。事業性評価などは組織的に行うものです。理由は、言わずもがなですね。

　いずれの取組みも「作業をする人」「チェックをする人」「意思決定をする人」が不可欠で、それらの人たちが一体となって進めていかなければならないからです。

　具体的には図表3-1に示すとおり、それぞれの責任と権限において所掌する事務を遂行し、所要のプロセスを経て円滑・着実に進めていかなければなりません。担当者（作業をする人）の役割はすでに申し上げましたので、管理職（チェック・意思決定をする人）について、みていきたいと思います。

　管理職の役割は、大雑把にいうと以下の6つです。

① 事業性評価などに係る実施方針の策定

② 分析・評価・検討に係る具体的事項・方法の指示

③ 分析・評価・検討状況の確認、修正指示、指導助言

④ 事業性評価・金融、経営改善・再生支援に係る意思決定

⑤ 進捗・問題・品質・要員・課題などの管理

⑥ 部下の指導・育成（能力開発）

　一言でいえば「事業性評価などの責任を負う」ということ。権限はありますが、リスクテイクと円滑な業務運営が求められ、成果や問題に対する責任を取らなければなりません。

図表3−1　事業性評価などの組織的対応

	担当者	管理職等
現状把握	・財務諸表の整理 ・財務分析 ・財務上の問題点等の抽出 ・原因等の仮説設定	・分析状況の確認 ・仮説(案)の検討・修正
方針策定	・検討・評価事項／方法の確認	・事業性評価の実施方針の決定 ・検討・評価の具体的事項／方法の策定
課題導出	・企業活動分析 ・現状の機会・脅威、強み・弱みの抽出 ・環境変化の分析 ・課題の導出	・分析状況の確認 ・課題(案)の検討・修正、承認
今後の見通し検討	・具体的対応策の検討 ・妥当性・実現可能性の評価 ・収支見通し等の検討	・検討・評価状況の確認 ・収支見通し(案)等の検討・修正、承認
事業性評価金融支援	・レポート／稟議書の作成・起案 ・金融支援の実施	・レポート／稟議書の確認・修正 ・稟議書等の承認・決裁
経営改善・再生支援	・計画策定支援／モニタリングの検討・実施 ・改善策の検討、改善の指導助言	・計画策定支援(案)の検討・修正、承認 ・モニタリング状況の確認、指導助言 ・改善策(案)等の検討・修正、承認

(1) 管理職の責任・役割〜指導助言〜

　まず、①事業性評価などの実施方針の策定、②具体的指示、③分析・評価・検討状況の確認、軌道修正について考えてみましょう。

　「若手には勉強のため、自分で考えさせ、独力で遂行させることが重要」「経験豊富なベテランには任せればよい」という考えから、実施方針の明示や具体的指示を行わない管理職がいます。確かにスキルアップや自主性の発揮という観点から「自分で考えさせる」「担当者に任せる」ことは重要です。

　しかし、それが行きすぎて放置状態になる、稟議時に何度もダメ出しをして矯正するというスタイルは感心しません。担当者が必要以上に思い悩んだり、分析・評価・検討が的外れになったり、十分に行われなかったりして、事業性評価に支障を来します。円滑・着実に事業性などを進めるには、１）当事者間で日常的に緊密なコミュニケーションを行う、２）実施事項・内容・方法、ポイント・留意点などをあらかじめ共有する、３）各工程において分析・検討状況などを確認し、次工程に移る前に軌道修正を行う、といった組織的対応が重要です。

　私は、公庫の企業サポート室長のとき、事前に回付案件の概要を確認のうえ、図表３−２のシートを用いて検討項目、分析・検討事項、依頼資料／作成資料、ポイント・留意点などを具体的に指示し、実施状況を確認・チェックする独自の取組みを全案件に適用していました（年間150〜200件程度）。特に審査は担当者の多くが入庫４年目で、経験が浅い課長も少なくな

第3章 | 事業性評価、経営改善・再生支援の組織的推進

図表3−2　事業性評価などの具体的指示

企業名			顧客番号			住所	
資本金		百万円	従業員数		名	業種	
事業内容							

収支状況	／期	／期	／試	財政状態（　／　）			
売上高				流動資産		流動負債	
（前）売上総利益				（現預金）（　　）		固定負債	
（前）営業利益				固定資産		金融機関借入	
（前）経常利益				繰延資産		自己資本	
減価償却費				使用総資本		同比率	%
公庫残高（　／　）		%	メイン				%
（うち中小）		%	サブ				%

	項目	具体的分析・検討事項	依頼資料	作成資料	実施☑
事業基盤の把握	対象市場				
	事業内容・ビジネスモデル				
	設備、仕入・外注先				
	商流・サプライチェーン				
	SWOT・ファイブフォース				
今後の見通しの検討	課題の抽出				
	具体的対応策の検討				
	計画・アクションプランの分析・評価				
	収支予想の策定				
	資金繰り表の精査				
	リスク評価、プランB等の検討				
支援態勢の確認	金融機関				
	支援機関				
	出資者等				
	中長期の支援態勢				
その他指示事項等					

83

かったのですが、業績不振先や再生案件の事業性評価などを円滑・着実に進めることができたと感じています。

　また、④意思決定に関しても、各工程で分析・検討状況などを確認し、そのつど軌道修正や作成資料の手直しを行うため、稟議時には全体や補足の確認だけで済み、迅速な意思決定ができました。室長案件は起案当日決済を原則とし、できなかった場合には自身の指導・管理不足を反省しました。

⑵　管理職の責任・役割〜マネジメント〜

　⑤各種管理の実施については管理職の本分なので、申し上げるまでもないと思いますが、図表3－3に示す管理をしっかり行うことは、相当大変です。

　例えば、予定と実績の乖離を確認するだけなら、それほど負担はなく、順調に進捗している場合はストレスがありません。しかし、事業性評価などに遅延が生じると、その原因を究明し解決策を講じてキャッチアップしなければならず、組織全体として業務が増加したり、対外的な信頼を損ねたりします。

　事業性評価や経営改善・再生支援を進めるなかで、顧客企業や他の金融機関、支援機関とトラブルが発生した場合には、その解消に奔走しなければなりません。上記遅延と同様、対外対応に係る非生産的な業務の増加や対外的な信頼低下も余儀なくされます。

　分析・評価・検討の結果や作成されたレポートの品質が要求水準を充たさなかった場合には、時間とコストをかけて軌道修正や手直しを行わなければなりません。また、品質劣化を招い

第3章 │ 事業性評価、経営改善・再生支援の組織的推進

図表3−3　各種管理の概要

区　分	概　要
進捗管理	業務・作業の進捗状況を確認し、予定と実績の乖離（特に遅延）がある場合は原因を究明して解決策を検討・実施する
問題管理	業務・作業に関する問題・障害・トラブルが発生した場合、問題の内容把握・原因究明を行い、解決策を検討・実施して問題等の解消を図る
品質管理	業務・作業の品質が確保されているかを確認し、品質上の問題がある場合は原因を究明して解決策を検討・実施する
要員管理	業務・作業を遂行する人員の就労や健康状況などを把握し、問題がある場合は原因を究明して解決策を検討・実施する
コスト管理	業務・作業に関する予算執行やコストの支出状況を把握し、問題がある場合は原因を究明して解決策を検討・実施する
コミュニケーション管理	業務・作業に関する連携・コミュニケーションが適切に行われているかを確認し、問題がある場合は原因を究明して解決策を検討・実施する
課題管理	進捗・問題・品質・要員・コスト・コミュニケーション管理を行うなかで、「根本的な解決や再発防止に向けて取り組むべき課題（テーマ）」が生じた場合、原因・真相究明を行い、根本的な解決策を検討・実施する

た工程や作業、要員を特定し、改善・てこ入れを実施しなければならず、忙殺されることになります。

　担当者などが健康を損ねた場合は、代替要員を確保し仕切り直しを行うことになるかもしれません。あるいは、他の要員にしわ寄せが行き、組織全体の繁忙化やモチベーション低下を招く恐れもあります。

　また、当事者や関係者との間の連携・コミュニケーションがおろそかになると、事業性評価などの円滑実施に支障が生じた

85

り、職場環境や人間関係の悪化を招いたりします。場合によってはパワハラなどに発展し、懲戒・要員再配置、ケアなどを余儀なくされるといった大事になるかもしれません。

　そして、こうした様々な問題が発生した場合は、根本的な解決や再発防止に向けて、事業性評価などの実施体制・方法の強化・見直しを図らなければなりません。事と次第によっては現場（抵抗感がある方もいると思いますが、現場第一主義の私は愛着とリスペクトをもって、あえてこの用語を使います。お許しください）では解決できず、本部を巻き込んで全社的に対応しなければならないこともあり得ます。

　それゆえ、事業性評価などを円滑・着実に進めるには、日常的に各種管理をしっかり行い、問題発生の抑止に努め、発生時の迅速・適切な対応を実践しなければなりません。また実施体制・方法を点検し、問題点やリスクを把握して、事前に対応策を実施することにより、問題の発生やリスクの顕在化を未然に防止することも肝要です。さらに本部の審査・企業支援セクションにおけるハンズオン支援なども重要です。業務が繁忙化するなか、事業性評価や経営改善・再生支援を強化しようとすると、現場におけるマンパワー不足が看過できなくなるかもしれません。本部は、現場の要員強化を図るとともに、個別案件への対応についてもきめ細かなサポートを行うことが求められます。

2 失敗を糧にする企業風土の醸成

(1) 組織的・計画的な能力開発

本項では、「事業性評価、経営改善・再生支援に必要なスキルを、どのようにして組織的に養成するか」ということについて申し上げます。

ロバート・カッツが提唱した「カッツモデル」によると、階層・役職によって求められるスキルの割合が変わりますが、業務遂行上、以下の3つのスキルが必要とされます。

・テクニカルスキル：業務遂行上必要な専門知識・スキル

・コンセプチュアルスキル：物事の本質を論理的に捉え、的確に企画・構想・立案するスキル

・ヒューマンスキル：人間関係の維持・構築に必要なスキル

図表3-4に示すように、事業性評価や経営改善・再生支援においても、この3つのスキルを駆使して所要のタスクを円滑・着実に遂行することが求められます。

事業性評価を担うのは高度な専門知識・スキルを備えたスペシャリストではなく、3つのスキルに長けたゼネラリストです。コミュニケーションの巧拙や論理的思考の得意・不得意があるとしても、事業性評価などにはヒューマンスキル、コンセプチュアルスキルが不可欠です。担当者に限らず各階層・役職において、こうしたスキルに磨きをかけ、円滑な意思疎通／信頼関係の構築や納得感の高い論理的考察を実践していかなけれ

図表３－４　事業性評価などに求められるスキル

必要なスキル	求められるタスク	適用業務
テクニカルスキル	**事実・真相の見極め** 外部環境・内部環境に関する情報・データを収集・蓄積、分析・評価して根本原因などを究明し、事実・真相を把握する	・資料依頼、ヒアリング ・財務分析、根本原因・真相に関する仮説の設定 ・企業活動分析、機会・脅威・強み・弱みの抽出
コンセプチュアルスキル	**論理的思考** 情報・データや事実・真相を踏まえて論理的に考察し、To Be（あるべき姿）・To Do（やるべき課題）を導き出して、将来に向けた具体的取組み（案）を的確に設定する	・環境変化の分析、事業展開・経営資源整備に関する課題の導出、具体的対応策の検討 ・具体的対応策の妥当性・実現可能性の評価、経営計画の評価 ・収支・資金繰り見通しの検討 ・事業性評価などに係るレポートの作成
ヒューマンスキル	**関係者との円滑なコミュニケーション** 人間の心理・行動原理を深く理解した上で、事実・真相、To Be・To Do、具体的対応などについて社内外のステークホルダーに説明し、折衝・調整を行って、納得感の高い合意形成を図る	・経営者・ステークホルダーとの折衝・調整 ・金融機関内の折衝・調整 ・社内外への説明、合意形成

ばなりません。

　事業性評価などに必要な知見・スキルの習得・向上を図るためには、ＯＪＴ、内部・外部研修、自己研鑽支援（資格取得など）といった能力開発を組織的に行うことが肝要です。

　ただ、能力開発の方法には向き・不向きがあります。ＯＪＴは、いずれのスキル養成にも適していますが、研修・自己研鑽はテクニカルスキル以外の養成にはあまり有効ではなく、ＯＪＴを補完する程度の効果しか期待できません。したがって、現場でしっかりＯＪＴが行われるよう、以下の取組みを組織全体で進

めていかなければなりません。

① 能力開発体制・方法の構築・拡充

まず金融機関内の「能力開発体制・方法」の構築・拡充を進めます。

具体的には、人材育成セクションにおける支援体制とともに現場における能力開発体制を整備・強化し、OJTに係る指導責任者・指導者・チューターの役割分担や具体的指導方法を定め、知見・スキルの円滑な養成を図ることが肝要です。

② 教育プラン・スキルマップの策定

次に人材育成セクションにおいて、以下の事項を盛り込んだ「能力開発計画」を策定します。

・事業性評価などに必要な「知見・スキルの内容／レベル」

・知見・スキルの習得・向上に必要な「能力開発方法」

・OJTの進め方、教育方法などを定めた「指導要領」

・内部・外部研修や通信教育、資格取得支援の具体的な進め方を定めた「研修・自己研鑽支援計画」

現場では、「能力開発計画」に基づいて各職員の「スキルマップ」を作成し、一人ひとりの知見・スキルの現状を把握した上で、要求水準の達成に向けた「教育プラン」を個別に策定します。

このように本部・現場が一体となって計画的に能力開発を進めなければなりません。

③ ノウハウ・ナレッジの可視化、組織共有

事業性評価などに係る知見・スキルの習得・向上を効率的・効果的に進めるためには、ベテランの属人的なノウハウやナ

レッジ（事業性評価などに有用な知識・情報）を可視化し組織内で共有することが有効です。

また、事業性評価などのタスクを標準化・マニュアル化することによって、知見・スキルの習得・向上とともに、効率的な業務遂行や事業性評価レベルの底上げも実現できます。

ノウハウ・ナレッジの可視化、組織共有については、第4項でもう少し詳しく申し上げます。

④　OJT・研修・自己研鑽支援の計画的実施

一人ひとりのスキルマップ・教育プランに基づき計画的にOJT・研修・自己研鑽支援を実施します。

ただ、プランどおりにスキルアップが図られるとは限りません。したがって、日常的にモニタリングを行い、知見・スキルの習得やレベルアップの状況を把握して、特にはかばかしくない場合は、プランの見直しや人材育成セクションのハンズオン支援を受けることが重要です。

いずれにしても、即効性のあるヒューマンスキル・コンセプチュアルスキルの向上策はありません。OJTを通じて多様な経験をさせ、知見・スキルの習得・向上を促すという取組みを地道に継続していかなければなりません。

⑤　モチベーション向上策の実施

能力開発とは直接関係がありませんが、知見・スキルの習得・向上を促すためには、給与・手当や処遇（異動・昇格・昇進）などによるインセンティブの付与・動機づけを行い、モチベーションを向上させることが有効です。

スキルアップによって給与・手当が改善され、モチベーショ

ンが上がってスキルレベルがさらに向上するというスパイラル
が生み出され、効果的な能力開発が実現されます。

また、事業性評価などをリードする幹部候補生を選定・養成
して、指導者（管理職）として登用し、「組織的な知見・スキ
ル」の維持・向上を図っていかなければなりません。

こうした意味でも、能力開発とモチベーション向上策を組み
合わせて進めていくことが肝要といえます。

(2) 失敗を糧に改革・改善を進める

さて、本項のテーマは「失敗を糧にする企業風土の醸成」で
す。最後にこのテーマについて考えてみます。

先ほど、「コミュニケーションの巧拙や論理的思考の得意・
不得意があっても、OJTを通じて多様な経験をさせ、知見・ス
キルの習得・向上を促すことが重要である」というような話を
しました。

偏見かもしれませんが、「最近、失敗を強く恐れる若手の方
などが少なくない」と感じます。もし、この私の体感がある程
度正しいとすると、「失敗に対する恐怖心がOJTの大きな阻害
要因になるのでは」と懸念されます。なぜなら、「多様な経験
には失敗がつきものだから」です。

前章において私の自慢話をしましたが、失敗についても披露
しなければなりません。これも時効だと考えられるのでお話し
しますが、さすがに支障がありますので、かなりぼやかしてお
話しすることを、お許しください。

私は、業務多忙とコミュニケーション不足、自身の意識の低

さから、内規の変更を伴うような事務ミス、苦情の発生につながりかねない事象を数件起こしたことがあります。いずれも深刻だったため、クビを覚悟しましたが、大きなお咎めはなく、組織的にリカバリーしていただきました。

私は、公庫に深く感謝するとともに、「恩返しをしなければならない」と強く思いました。自分のスキルを磨き上げ、業務に貢献するとともに、管理職になってからは、自分が犯してきた失敗を踏まえ、上司・同僚・部下とのコミュニケーションをしっかり行い、マネジメントや部下の指導育成をきめ細かく実施しようと心がけてきました。

組織が意図して寛大な対応をしてきたのかどうか、分かりませんが、「失敗を許容し、組織的にリカバリーするとともに、失敗を糧に改善・改革を推進する」ような土壌・企業風土を醸成・定着させることが重要だと痛感します。

当然のことながら、不正・不祥事に対して厳正に対応し、信賞必罰を徹底することは不可欠です。ただ、「失敗を許さない」「組織的にリカバリーしない」「臭いものにふたをして改善・改革を進めない」といった企業風土では、行員・職員が萎縮し、活力が失われ、踏み込んだ事業性評価や経営改善・再生支援が行われません。

「失敗を許容する」ためには、あらかじめ失敗のリスクやリスクが顕在化した場合の影響範囲・影響度を想定し、不測の事態とならないようにすることが重要です。また、部下とのコミュニケーションを緊密に行い、失敗の兆し・芽を摘むと同時に、チャレンジ精神を尊重し、成果があがるよう指導助言やサ

ポートをきめ細かく行うことも肝要です。

「組織的にリカバリーする」には、失敗の想定に基づいて失敗が発生した場合の対応策を準備し、迅速・適切に発動する。そして、影響を被った関係者に対し謝罪と再発防止策の説明を丁寧に行い、理解・納得を得ることが不可欠です。

また「失敗を糧に改善・改革を推進する」には、当事者に対し失敗の原因と影響をしっかり自覚させ、二度と起こさないよう反省を促すとともに、失敗を組織的に共有し再発防止策などを設定・実施する。併せて事業性評価や経営改善・再生支援が、より円滑・着実に遂行されるよう実施体制・方法の改革・改善を進めていくことが重要です。

保守的で、失敗を許さない金融機関も少なくありません。しかし高度な事業性評価などを推進するには、「失敗を糧に改革・改善を進める」という企業風土を醸成・定着させ、チャレンジ精神を尊重して業務を運営することが肝要です。

失敗に懲り萎縮してしまうと、自分で壁を作り、そのなかに閉じこもってしまいます。そうなると本人の成長が止まり、退化が進むと同時に、組織全体のモチベーションが低下し、新陳代謝が阻害されることになります。

「少しくらい失敗しても、いいじゃないか。それを糧に、もっと高度な仕事にチャレンジしよう。大丈夫、なんとかなるから」。それくらいの組織的度量が必要と考えます。

3　要求スキルの変容への対応

　前項でカッツモデルについてお話ししました。当モデルは
トップマネジメント（経営者）・ミドルマネジメント（管理職）・
ロワーマネジメント（担当者）の各階層に要求されるスキル構
成の概念です。

　具体的には、テクニカルスキルは下位層ほど、コンセプチュ
アルスキルは上位層ほど広範かつ高度なスキルが求められ、
ヒューマンスキルは各階層に一様に求められるというイメージ
です（図表3－5）。

　私は、金融機関における事業性評価、経営改善・再生支援に
関してもカッツモデルの概念が援用できると考えます。

　前掲図表3－4に示すとおり、事業性評価などには「事実・
真相を見極める力」「論理的に思考し課題・具体的対応策など
を導出・設定する力」「関係者との間で円滑にコミュニケー
ションを行う力」が要求されます。

　それぞれテクニカルスキル、コンセプチュアルスキル、
ヒューマンスキルに対応しますが、各階層の行員・職員は、こ
の3つのスキルを発揮してそれぞれの職責や役割を果たさなけ
ればなりません。

　すなわち、経営者・管理職は主としてコンセプチュアルスキ
ル・ヒューマンスキルを駆使して、実施体制・方法の整備・強
化、能力開発の推進、個別案件に係る実施方針の策定、分析・
検討などに係る具体的指示と実施の確認、意思決定・マネジメ

94

図表3-5　要求されるスキルの変容（イメージ）

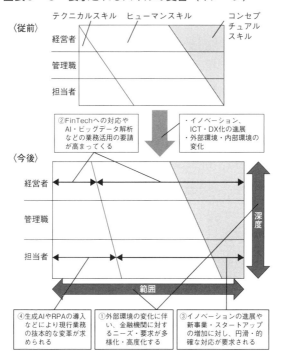

ントを遂行することが求められます。

　また、担当者は主としてテクニカルスキル・ヒューマンスキルを発揮して事業性評価などに係る分析・評価・検討、レポートの作成、モニタリング・改善指導を行わなければなりません。

　このように各階層がそれぞれの役割を担い、事業性評価や経営改善・再生支援を組織的に進めるなかで、事業性評価などに係る経験が組織内に蓄積され、知見・スキルが培われます。

　各金融機関では、こうした組織的経験や知見・スキルを活か

して「独自のメソッド・スキーム」をそれぞれ構築し、これまで組織的な事業性評価などに適用してきました。

　ところが、顧客企業における事業継続力の劣化あるいは改革・革新の推進、イノベーションやICT・DX化の進展などに伴い、金融機関では以下のような取組みが求められるようになっています。

① 多様化・高度化するニーズ・要求への対応

② FinTechへの対応やAIなどの業務活用

③ 新事業・新業態への円滑・的確な対応

④ RPA（Robotic Process Automation）やビッグデータ解析の導入など現行業務の抜本的な変革

　こうした取組みは、いずれも小手先でしのげるものではなく、組織をあげて取り組まなければならない難題です。しかし取組みを避けたり、怠ったりすると、これまで培った経験・知見、築き上げたメソッド・スキームが陳腐化し、円滑・着実な事業性評価などに支障を来すようになります。

　以下では、それぞれの事象にどのように対応していくべきかを考察したいと思います。

(1) 金融機関の業務多様化・高度化への対応

　第1章第1項において「資金繰り支援にとどまらない、事業者の実情に応じた経営改善支援や事業再生支援等の徹底を金融機関に促す」との金融庁の金融行政方針を紹介しました。

　経営改善・再生支援は、事業性評価の結果を踏まえ顧客企業に対して指導助言・サポートなど「コンサルティング」を行うことです。金融を旨とする金融機関にとってコンサルティングは本来業務ではありませんが、「地域産業や事業者を下支えし、地域経済の回復成長に貢献する」ために、こうした取組みにも重点をおかなければなりません。

　ただ、コンサルティングにより顧客企業の経営改善や事業再生を促し効果をあげていくことは、一朝一夕にできるものではありません。金融庁が指摘するとおり「金融機関の事業者支援能力向上の後押しや事業者の持続的な成長を促す融資慣行の形成」（前掲図表1－2）が不可欠です。

　多様化・高度化するニーズ・要求に応え、ハイレベルな事業性評価や経営改善・再生支援をきめ細かく進めていくには、各階層において3つのスキルの要求範囲を広げ、要求レベルを高めなければなりません。

　前項で申し上げたような能力開発を計画的に進め、地道に行員・職員全体のスキルレベルの底上げを図っていくことが求められるといえます。

⑵　金融イノベーションへの対応

　「金融イノベーションや進化するICT・デジタル技術をいかに経営・事業運営に適用し、生産性を上げていくか」は、金融機関共通の課題です。ただ、コンサルタントやITベンダーの提案などを丸呑みするわけにはいきません。それゆえ「妥当性・実現可能性はあるのか」を見極めるとともに、「現行業務との棲み分けや連携をどのように再構築するか」をしっかり検討しなければなりません。

　ここではAIの活用について考えてみます。

　AIを活用した審査などが一部で検討されています。確かに膨大な情報・データを深層学習し、アルゴリズムにより瞬時に要求された成果物を生成できるAIは、事業性評価などにおいても非常に有望なツールであるといえます。ただ、現状では問題点も少なくなく、事業性評価などへの適用に向けてクリアすべきハードルがまだ多いと感じます。なかでも、生成された成果物の根拠が明確にされず、分析・評価のプロセスが曖昧な点は看過できません。

　事業性評価、経営改善・再生支援には、前掲図表3－4に示すとおり「事実・真相、To Be・To Do、具体的対応策などについて社内外のステークホルダーに説明し、折衝・調整を行って納得感の高い合意形成を図ること」が求められます。しかし、AIが生成した上記のような成果物ではステークホルダーから高い納得感を得ることはできません。

　それゆえ、AIを事業性評価などに活用する場合は、まず「ど

のプロセスに、どのように適用するのか」「AIが生成した成果物を活用して、人はどのような業務・作業に特化するのか」といったことを詳細に検討しなければなりません。そしてAI導入後の事業性評価などに係る業務内容・プロセスを企画立案（P）し、実施（D）・検証（C）・改善（A）を繰り返してリファインと組織的な定着を図らなければなりません。こうした取組みを組織的に進めていくことが肝要です。

　金融機関の経営者・管理職の方々には「最新技術、ICT・DXへの理解を深め、経営・事業への適用を進めること」が求められます。したがって、テクニカルスキル・コンセプチュアルスキルにいっそう磨きをかけ、積極的に企画・検討に挑んでいただきたいと思います。

　「パソコンすら十分に操作できないのに」と思っているその方。大丈夫です。かくいう私も、厄年を過ぎてから初めてIT部門に配属され、システム最適化の企画・プロジェクトマネジメントを命じられました。今でもExcelでマクロを組むことさえできませんが、プライベートクラウドの構築、業務システムのリホスト（メインフレームからサーバシステムへの転換）といったことをなんとか成し遂げることができました。当然、トップの強力なリーダーシップと専門家の方々の全面支援を受けたおかげですが、好奇心とチャレンジ精神をもって無邪気に取り組んだ成果かなと思っています。

⑶ 新規技術・ビジネスモデルへの対応

　イノベーションやICT・DX化の進展などにより、新たな技術やビジネスモデルが創出され、これまで蓄積された知見・経験がストレートに活用できない案件が増えています。こうした案件に円滑・的確に対応するためには、現場と本部が連携し、新たな技術やビジネスモデルへの対応に関する以下の取組みを行うことが肝要です。

・事業性評価事例の組織共有

・評価ポイント・勘どころの導出、評価方法の構築

　「評価事例の組織共有」は、新たな技術やビジネスモデルの導入企業に係る評価事例を審査・企業支援セクションに集約し、ある程度抽象化した上で各現場にフィードバックして、同様案件の事業性評価に活用するものです。その際、あらかじめ報告書のフォーマット、記載要領を現場に明示し、統一的な情報・データ収集を行うことが有効です（図表 3 - 6）。

　すなわち、現場での分析・検討・評価、報告書作成の定型化により、本部でのとりまとめ作業が円滑・的確に進められます。現場でも、作成した報告書を稟議書に添付することで効率的・効果的な意思決定ができます。また、顧客が特定される情報などをマスキング・抽象化し、他の現場にフィードバックすることによって、新技術・ビジネスモデルの事業性評価に係る知見が組織全体に共有されます。こうした情報・データを蓄積し、事業性評価への活用を重ねることにより、組織的な知見・経験の幅が広がり、深まることになります。

第3章 | 事業性評価、経営改善・再生支援の組織的推進

図表3－6　新技術・ビジネスモデルの評価報告書（例）

技術・ナレッジ名	概　要	強み・弱み
	○内容／特徴、アライアンス状況 ○事業への活用状況、今後の見通し	○強み ●弱み

	概　要
ビジネスモデル	○取扱製品・サービス、顧客／営業エリア、業態、特徴・問題点等

業務プロセス	業務体制・要員、業務方法	強み・弱み
企画・設計・開発 ①調査・分析 ②製品等の企画・開発・設計 ③試作・試行 ④モニタリング・改善	○業務体制（※1）・要員配置（※2） ○業務方法（※3）	○強み ●弱み
仕入・外注・購買 ①計画策定 ②発注 ③外注業務委託 ④検収・支払 ⑤仕入・外注管理	○業務体制（※1）・要員（※2） ○業務方法（※3）	○強み ●弱み
製造・施工 ①計画策定 ②体制・方法整備 ③製造・施工 　・（工程名） 　・（工程名） 　・（工程名） ④生産・施工・品質等管理	○業務体制（※1）・要員（※2） ○業務方法（※3）	○強み ●弱み
営業・販売・サービス提供 ①計画策定 ②体制・方法整備 ③営業・広告宣伝 　・新規先の開拓 　・既往先の深耕 ④販売・サービス提供 　・店舗・施設 　・EC・リモート ⑤販売等管理	○業務体制（※1）・要員（※2） ○業務方法（※3）	○強み ●弱み
物流・輸送 ①体制・方法整備 ②物流・輸送 　・入庫・保管管理 　・ピッキング・仕分け 　・タグ付け・梱包 　・出庫・配送 ③物流等管理	○業務体制（※1）・要員（※2） ○業務方法（※3）	○強み ●弱み

※1 組織機構、指揮命令系統、分掌・役割分担、連携・コミュニケーション、業務遂行・管理等の現
　　状、今後の見通しについて記載
※2 以下の事項の現状、今後の見通しについて記載
　　・要員数・配置／過不足の状況、年齢構成・定着率
　　・給与体系・水準、処遇（昇進・昇格・異動）、就労条件（勤務時間・シフト・休日・休暇等）、
　　　福利厚生、職場環境等
　　・テクニカル・ヒューマン・コンセプチュアルスキルに係る要求範囲・水準／状況、能力開発の
　　　状況（OJT・研修・自己啓発）
　　・モチベーション／モラルの状況
※3 業務プロセスの具体的内容・工程、具体的方法・方式、内製・外注等の現状、今後の見通しにつ
　　いて記載

101

「評価ポイント・勘どころの抽出、評価方法の構築」は主として審査・企業支援セクションで行います。具体的には、現場からの事前相談あるいは上記の報告を踏まえて事案の深掘り、複数事案の統合・抽象化を行い、事業性評価のポイントや勘どころを導き出します。そしてある程度類型化し、評価のポイントや勘どころを整理して、事業性評価の方法を補強することが有効です。

評価のプロセスや基本的メソッド自体は変わりませんが、分析・検討・評価に係る具体的手法を構築・拡充し、ポイント／勘どころを可視化・共有する。それによって新技術・ビジネスモデルへの円滑な組織対応が実現されます。

ベテランであれば、培ってきた知見・経験を応用し自らポイント・勘どころを抽出して、的確な事業性評価ができるかもしれません。しかし、限られたリソースのなかで新たな技術・ビジネスモデルの事業性評価を効率的・効果的に行うには、こうした組織全体の取組みが不可欠であるといえます。

⑷　現行業務の変革への対応

AIについては先ほど申し上げました。ここではRPA、ビッグデータ解析の事業性評価などへの活用について話します。

RPAは「ソフトウェアのロボット技術により定型的な事務作業を行うツール」で、人手で行っていたデータ入力、グラフ・図表作成などの処理作業を自動化できます。またビッグデータ解析は、AIを駆使してクラウド上の大量データを分析・評価するもので、事業性評価などに係る判断材料を短時間で抽出・生

成できます。さらに、収集・分析が困難だった膨大な情報・データの業務活用が可能となります。

いずれも一定の制約があり、事業性評価などへの適用には課題があります。しかし「定型作業」や「情報・データの収集・分析、判断材料の提供」などは、今後AI・RPAなどのツールに代替され、人は「新たな業務」や「不定型作業」を重点的に行うようになるでしょう。なかには、「AIやRPAなどに仕事を奪われる」と悲観する方がいるかもしれませんが、「面倒な業務・作業をAI・RPAなどに任せ、人間らしいクリエイティブな仕事に特化しよう」と意識を改めることが重要です。

ただ、こうした創造性の高い仕事を円滑・着実に遂行し、成果をあげるためには、新たなテクニカルスキルを習得するとともに、コンセプチュアルスキルに磨きをかけ、企画構想力を高めていかなければなりません。

いまからでも遅くありません。高い見識をもってスキルアップに励み、高度な事業性評価、経営改善・再生支援にチャレンジしていきましょう。

4　ノウハウ・ナレッジの組織共有

　有能な管理職・担当者は、なぜ的確な事業性評価を遂行できるのでしょうか。凡庸な回答になりますが、「豊富な経験に裏付けられたノウハウ（暗黙知）を有し、それを事業性評価に活かしているから」というのが理由でしょう。

　しかし「ノウハウは暗黙知で、属人的なもの」であり、普通の担当者などが、このようなノウハウを習得するためには理論上、有能な担当者などと同じ経験を積まなければなりません。

　「君には企業をみる眼があまりないから、○○さんに教えを請い、ノウハウを伝授してもらったらどうか」というようなことを上司からいわれたことはありませんか？

　実はこのアドバイス、かなり無責任です。

　なぜなら、部下指導という自らの職務を放棄し、○○さんに丸投げするとともに、○○さんからのノウハウ伝授が円滑・着実に行われ、部下の事業性評価力がアップすると根拠なく無邪気に信じ、おそらく効果の検証もしないからです。

　○○さんが某予備校の有名講師のような方なら別ですが、おそらく○○さんは「単なる有能な担当者」です。ノウハウはもっていても、それを効率的・効果的に伝授する方法を有しているとは限りません。

　有名講師が効率的・効果的に講義できるのは、「卓越した話術」「生徒の心理・行動原理への深い理解」「講師の暗黙知を可視化した分かりやすい教材」「計画的・効果的に教育を進める

ためのカリキュラムや体制・仕組み」が全てそろい、それぞれが有機的に連関しながら相乗効果を発揮するからです。

事業性評価や経営改善・再生支援に関しても同様です。行員・職員の知見・スキルの底上げを図り、事業性評価などを円滑に遂行するためには、組織をあげて以下の取組みを一体的・有機的に進めていかなければなりません。

・能力開発体制・方法の整備・強化、実施・運用の徹底
・ノウハウ・ナレッジの可視化・形式知化／組織共有、事業性評価などへの活用の推進

本項では、「ノウハウ・ナレッジの組織共有、業務活用」に関し、私が公庫で試行した取組みを紹介します。具体的には以下のとおりですが、もしかしたら○○さんの負担軽減につながるかもしれません。

① ノウハウ・ナレッジを形式知として可視化する（講師の例でいう「教材」の整備）

② 可視化されたノウハウ・ナレッジを組織的に共有する方法を築く（講師の例でいう「カリキュラム」の整備）

③ ノウハウ・ナレッジを活用する仕組みを整備し、効率的・効果的な業務遂行、知見・スキルの習得・向上を図る

⑴ ノウハウ・ナレッジの可視化

事業性評価などに係るマニュアルの多くは、財務分析や表層的なSWOT分析、ファイブフォース分析などが主体で企業活動分析などにあまり触れられていない。それゆえ、経営・事業の実態を掘り下げ、今後の機会・脅威／強み・弱みを抽出し、

105

取り組むべき課題や具体的対応策を検討・評価する方法論が明確にされていない。私はそのように感じています。

　また、これも偏見ですが、若手を中心に、下記のような方々が少なくないという印象をもっています。

・指示待ち・マニュアル頼みになりがち

・先輩から知見・ノウハウを貪欲に吸収しようとしない

・自主的・自律的に業務を進めようとしない

・「自分なりの型・スタイルを築くこと」は苦手だが、「決められたこと、解答があること」に取り組むのは得意

　こうした体感を踏まえ、私は独自の「勉強会の教材」「事業性評価に係るシート」をまず策定しました。

　勉強会の教材は、後記の「週1勉強会」で講義するためのもので、図表3－7に示す内容で作成しました。特に企業活動分析については、分析・検討・評価のプロセス・内容／観点・ポイントを具体的に明示し、今後の機会・脅威／強み・弱みの抽出、取り組むべき課題の導出が円滑・的確、システマティックに行われるよう、工夫しました。

　また事業性評価に係るシートは、上記の企業活動分析などの結果が適切に記載されるよう、フォーマットを設定しました（図表3－8、前掲図表3－6）。

　具体的には、所定の様式を用いて以下の事項を実施し、機会・脅威／強み・弱みの抽出、課題・具体的対応策の導出／評価の結果が明確にされるようにしました。

・外部環境を「市場動向・業界事情」としてまとめ、対象市場の概要・ライフサイクル／需要額・顧客数／競合先の現状と

第3章 | 事業性評価、経営改善・再生支援の組織的推進

図表3－7　勉強会の教材

テーマ	概　要
事業性評価に関する考察	・事業継続を支えるのは「金融機関の使命」 　～地域中小企業と運命をともに～ ・事業性評価／伴走支援とは ・事業性評価のポイント 　Ⅰ外部環境の分析 　Ⅱ企業活動上の中長期的課題の抽出 　Ⅲ具体的対応策の検討、妥当性・実現可能性の評価 　Ⅳ対象企業の事業継続力の見極め 　Ⅴ計画の策定・実施、モニタリング・改善指導 ・理想的な事業性評価～「誰もが納得する事業性評価」の実践～ ・定量的な企業活動分析 　①生産・販売単価／数量、②リードタイム・不良率・返品率、③稼働率・回転数、④労務費・人件費、⑤原単位・歩留り ・定性的な企業活動分析 　①対象市場、需要・供給、②製品・サービス、③給与・処遇、社員のスキル・モチベーション等、④設備の能力・状況、⑤仕入・外注先の能力・状況、⑥販売先、⑦経営管理・労務管理、⑧事業体制・方法（共通事項、企画・設計・開発、仕入・外注・購買管理、製造・施工、営業・販売・サービス提供、物流・輸送）
典型的な業種の見方	以下の業種について、日本標準産業分類の細分類、バリューチェーン・サプライチェーン、業界知識、分析のポイントを解説 　Ⅰ建設業（総合工事業を中心に） 　Ⅱ宿泊業（旅館・ホテルを中心に） 　Ⅲ飲食サービス業（飲食店を中心に） 　Ⅳ素形材加工（鋳造、ダイカスト、鍛造、粉末冶金、機械加工、金属プレス、プラスチック成形、めっき・熱処理・研磨・溶接） 　Ⅴ印刷業（オフセット印刷を中心に） 　Ⅵ運輸業（道路運送業、海運業を中心に）
事業継続力強化について	・事業継続力強化の必要性：多様な危機の顕在化・深刻化、激変する外部環境、脆弱な中小企業の財務基盤 ・事業継続力を高めるためには：事業継続力とは、劣化する内部環境、事業の「持続性」の向上、事業の「付加価値生産性」の向上 ・事業継続に必要な検討・実施事項：長期的な事業展開／態勢整備の検討、事業・経営上のリスクの評価、事業継続力強化計画の策定・実施 ・いかなる環境下でも、生き残るためには：危機の発生は「チャンス」、必要なのは「想像力」、危機の発生は「所与」、事業継続は「経営者の責任」、事業継続を支えるのは「金融機関の使命」

107

図表3-8　事業性評価に係るシート（フォーマット）

【主力製品等の特徴】

製品等名	主要販売先・利用者等		年間販売・提供		
			／期	／期	／期
	・主要販売先・利用先、消費・利用方法について具体的に記載	単価			
		数量			
		金額			
特徴、競合品等との比較					
機能性能効用	・取扱製品等の「内容／用途、要求仕様・水準」「機能等に係る特徴・優位点、問題点」などについて具体的に記載				
品質供給	・取扱製品等の「品質・供給に係る特徴・優位点、問題点」などについて具体的に記載				
価格					
強み	○				
弱み	●				

【市場動向、業界事情】

対象市場・業界			
項　目		現　状	今　後
ライフサイクル		生成／成長／成熟／衰退期	生成／成長／成熟／衰退期
需要	近時需要額		
	近時顧客数		
	概要・動向		
供給	主な競合先	現　状	今　後
		○事業内容、能力・特徴等	
		○事業内容、能力・特徴等	
		○事業内容、能力・特徴等	
	概要・動向		
機会	○		
脅威	●		

第3章 │ 事業性評価、経営改善・再生支援の組織的推進

【経営管理体制】

	氏名（役職）	担当業務、資質・適性、経営能力・手腕	問題・課題
経営者	（代取社長）		
後継者	（　　　）		
補佐陣	（　　　）		
		概　要	問題・課題
経営管理 体制・方法			

【事業内容、事業体制・方法】

※前掲図表3-6「ビジネスモデル、業務プロセス／体制・方法等」を参照

【設備】

事業所名	概　要	強み・弱み
	○業務内容 ○要員数、主要設備の概要・能力 ○事業所、設備の現況（※）、今後の見通し ※設備の稼働状況、過不足・老朽化等の状況、自動化・省力化・ICT化の状況、コストパフォーマンス等について具体的に記載	○強み ●弱み

【技術・ナレッジ】

※前掲図表3-6「技術・ナレッジ」を参照

【仕入・外注先】

仕入・外注先名	概　要	強み・弱み
	○当社の仕入・外注内容、取引状況 ○仕入・外注先の事業内容・能力・経営状況、今後の見通し	○強み ●弱み

【販売先】

仕入・外注先名	概　要	強み・弱み
	○販売先の事業内容 ○当社の販売・提供・受注内容、取引状況 ○販売先の購買力・採算性／経営状況、今後の見通し	○強み ●弱み

109

【取り組むべき課題、具体的対応策】

		内部環境	
		【強み】 ○ ○ ※前掲の強みを転記	【弱み】 ● ● ※前掲の弱みを転記
外部環境	【機会】 ○ ○ ※前掲の機会を転記	①	②
	【脅威】 ● ● ※前掲の脅威を転記	③	④

課　題	取り組むべき具体的対応策	期待される効果
①強みを活かした機会の獲得	※「既往経営資源の活用」による「事業拡大策」について記載	
②弱みを克服した機会の獲得	※「経営資源の強化・見直し」による「事業拡大策」について記載	
③強みを活かした脅威の回避	※「既往経営資源の活用」による「事業の高度化・差別化策」について記載	
④弱みを克服した脅威の回避	※「経営資源の強化・見直し」による「事業の高度化・差別化策」「事業の縮小・撤退策」について記載	

【公表決算の信憑性～今後の収支見通し等】

項　目	検討、分析・評価すべき事項
公表決算の信憑性	帳簿実査等の結果、粉飾等不適切な処理の状況、経緯・原因、是正の見通し
収支状況	近時の収支状況、部門別等の収支状況、収益構造、構造的な問題点と解決の見通し
財政状態、資金繰り	近時の財政状態・資金繰り状況、財政構造、構造的な問題点と解決の見通し
経営計画	経営計画（取組事項・アクションプラン、収支・資金繰り計画等）の内容・取組効果、妥当性・実現可能性、下振れ等への対応
今後の見通し	当面・中期の収支見通し・資金繰り見通し、取引金融機関等の支援方針・具体的対応

今後の見通し、対象市場における機会・脅威を明記

・「取扱製品・サービス」「経営管理体制」「事業内容、事業体制・方法」「技術・ナレッジ」「設備」「仕入・外注先」「販売先」に係る内容・能力や特徴、現況・今後の見通しなどを明記し、各経営資源の強み・弱みを抽出

・クロスSWOT分析により取り組むべき課題や具体的対応策を導出。提出されたアクションプランと突き合わせ、取り組むべき事項が過不足なく盛り込まれていることを確認

・アクションプランを評価し、事業の持続性・付加価値生産性向上の蓋然性とその根拠を明記

そして、最後に検討結果を総合し、収支予想など今後のシミュレーションを行い、「財務上の問題点が解消され、持続的発展を遂げるか否か」をコメントするようにしました。

これも偏見ですが、受験などテストに慣れ親しんだ方は、論文やレポートをフリーハンドで書くのは苦手でも、記載項目を特定し記載要領に基づいて「穴埋め」するのは得意です。そうしたことを逆手にとって、フォーマットを策定しました。

また読み手の理解や情報・データの業務活用を促すため、散漫で曖昧な自由記述を排除するようにしました。具体的には、分析・評価・検討の結果を分解してデータ・単語・単文化し、該当項目への配置・整理、記載の構造化を図ることにより、読みやすくするとともに情報・データの検索・抽出／集計・出力が容易にできるよう工夫しました。こうしたフォーマットが定着して利用が広がり、アプリケーション化／データベース構築が実施されれば、事業性評価に係る情報・データの広範な活用

も可能になります。なお、紙数の関係で勉強会の教材、事業性評価に係るシートの全体・記載要領については本書に掲載できませんが、興味のある方には、勉強会などで別途お話ししたいと思います。

(2) ノウハウ・ナレッジの組織共有

先ほど申し上げた勉強会の教材を使い、さいたま及び東京の企業サポート室において通算 3 年間「週 1 勉強会」を主催しました（毎週水曜日16〜17時、半年間 1 クール。図表 3 - 9 ）。

教材は誰が講師になっても講義できるように作成しましたが、①可視化できない部分や行間のニュアンスを伝えなければならないこと、②講義のなかで修正すべき点を把握し、改訂を重ねなければならないことから、講師は自ら務めました。

テーマは「事業性評価に関する考察」「典型的な業種の見方」「事業継続力強化について」で、事業性評価や経営改善・再生支援に関する基礎や実務的な事項について講義しました。

講義は、Web会議システムを使って企業サポート室及び同室の担当支店（合計20か所）にライブ配信し、若手職員を中心に、延べ300名近くの職員が受講しました。

また、事業性評価に係るシートを活用して審査処理した案件を題材に「事例発表会」を開催しました。担当者一人ひとりが行う審査処理の件数は少なく、事業性を評価する業種・業態も限られます。しかし、他の担当者が行った事業性評価の事例を共有することで、「こういう業種・業態の場合は、このように評価するのか」と疑似経験することになり、知見の幅が広がり

図表３－９　「週１勉強会」などの概要

【週１勉強会】
　以下要領により半期に１回（同じ講座を４-９月・10-３月の年２回）開催
・日　　時：毎週水曜日16：00～17：00
・受講者：さいたま企業サポート室・東京企業サポート第１室、さいたま・水戸・宇都宮・前橋・横浜・厚木・甲府・新潟・松本・東京（営一・営二・営三）・新宿・大森・千住・池袋・立川・千葉の各支店の地区統轄・事業統轄・課長から１年目職員まで延べ300名近く
・方　　法：公庫内のWeb会議システムを使用して各支店等にライブ配信（配信内容は録画し後日の視聴も可能）
・テーマ：「事業性評価に関する考察」「典型的な業種の見方」「事業継続力強化について」（※図表３－７に概要記載）

【事例発表会】
・日　　時：2023年11～12月の水曜日15：00～16：00（全８回）
・受講者：東京（営一・営二・営三）・新宿・大森・千住・池袋・立川・千葉の各支店の地区統轄・事業統轄・課長から１年目職員まで
・テーマ：「事業性評価に係るシート」により審査処理した東京ブロックの若手職員など15名（いずれも審査業務未経験者）が、担当案件のシートを持ち寄り、意見交換を行うことによって、多様な業種・業態に関する知見を深める
・方　　法：公庫内のWeb会議システムを使って以下を実施（一件30分）
　　　　　①シート作成者が事例の概要・ポイントなどを説明
　　　　　②担当課長が補足コメント
　　　　　③受講者との質疑応答・意見交換
　　　　　④ファシリテータ（小職）による講評

ます。

　実際には、ファシリテータを私が務め、15名の若手担当者などが、それぞれ担当した案件について概要や評価ポイント、工夫した点・苦労した点などを説明し、他の担当者との質疑応答・ディスカッションを行いました。いずれの取組みも「勉強会」であり、各担当者の知見・スキルの習得・向上にどこまで

つながったか、定かではありませんが、少なくとも「各担当者の意識向上を図ることができたかな」と感じています。

(3) ノウハウ・ナレッジの業務活用

　さいたま及び東京の企業サポート室において前掲の事業性評価に係るシートを用いて審査処理を実施（3年間で70件前後）し、担当者の知見・スキルの習得・向上、広範かつ高度な事業性評価の遂行を目指しました。具体的には延べ30〜40名の若手担当者などに対し、①実地調査前に、分析・検討・評価／視察・確認・聴取／シートの記載に関するポイント・留意点を指導助言。②稟議前に、記載されたシートなど稟議書類の手直しを全件行いました（図表3-10）。

　通常の審査処理に比べかなり踏み込んだ分析・検討などが行われたため、担当者には相当の負担をかけたと思います。しかし、「どのように事業が営まれ、付加価値が生み出されるのか」「この企業の未来はどうなるのか、持続的発展を遂げられるのか」といったことの究明・見極めを体験でき、「企業をみる眼の土台が築かれたのでは」と期待しています。

　また、顧客企業を取り巻く外部環境や経営資源に関する広範かつ高度な情報が可視化され、支店でのモニタリングや営業活動に有効活用できると感謝されることもありました。

　事業性評価に係るシートを活用した審査処理のほか、独自の「アクションプランのフォーマット」（図表3-11）を策定し、経営改善への取組促進や貸付後のモニタリング・経営改善指導への活用も試行しました（3年間で5件程度）。

第3章 | 事業性評価、経営改善・再生支援の組織的推進

図表3−10 「事業性評価に係るシート」を用いた審査処理

時　期	指導助言
案件回付後 実地調査前	担当者・課長とのすり合わせにおいて、以下を実施 ①対象企業の業種・業界事情、経営・事業などに関する分析・検討・評価のポイントの示唆・伝授 ②資料依頼、実地調査におけるポイント・留意点などの指導助言 ③分析・検討・評価の結果を「事業性評価に係るシート」などにまとめる際のポイント・留意点の指導助言
実地調査後 起案前	錯誤の有無とともに以下の観点からチェックし、手直しを実施 ①齟齬なく整合的にストーリー立てて記載されているか ②特徴・問題点などを踏まえ、取り組むべき課題・具体的対応策の導出、妥当性・実現可能性の評価が適切に行われているか

　具体的にはアクションプランが不明確な顧客企業に対し、策定の必要性を説明の上、施策項目ごとに具体策の内容・方法・プロセス、担当（リーダー・主管部署）、スケジュール、KPI・目標を同フォーマットに記載してもらいます。そして記載内容の確認／指導助言を行い、顧客企業が追記・修正したアクションプランの妥当性・実現可能性を評価して、事業性評価・審査処理に反映させました。

　さらに計画着手後、当該アクションプランに基づいてモニタリングを行い、各対応策の進捗状況、取組実績・効果を把握。そのなかで改善すべき点が判明した場合には、顧客企業とともに原因究明／改善策の検討を行い、その結果をフォーマットに明記して、顧客企業と共有するようにしました。

　このフォーマットを「審査と経営改善・再生支援をセットにしたスキーム」に活用することにより、「具体的対応策の検討、

115

図表3−11　アクションプランのフォーマット（イメージ）

具体的対応策				スケジュール等		
To Do	施策項目	内容・方法・プロセス	担当	年度	年度	年度
			リーダー 主管部署			
			リーダー 主管部署			
			リーダー 主管部署			

スケジュール等											
年度				年度				年度			
4-6	7-9	10-12	1-3	4-6	7-9	10-12	1-3	4-6	7-9	10-12	1-3
KPI		目標	実績	KPI		目標	実績	KPI		目標	実績
4-6	7-9	10-12	1-3	4-6	7-9	10-12	1-3	4-6	7-9	10-12	1-3
KPI		目標	実績	KPI		目標	実績	KPI		目標	実績
4-6	7-9	10-12	1-3	4-6	7-9	10-12	1-3	4-6	7-9	10-12	1-3
KPI		目標	実績	KPI		目標	実績	KPI		目標	実績

妥当性・実現可能性の評価」と「モニタリング・経営改善指導」を一体的に進めることができました。また、経営改善支援などに係るスキルアップにもつながったと感じています。

⑷　事業性評価の効率的推進

本章の最後に事業性評価などの効率化について話します。

私が入庫したバブルの頃は、金融機関は貸付けなどの本来業務に専念すればよいという感じで、実にのどかでした。ところがこのところ、先行き不透明感が強まり、今後の見極めが難しい顧客企業が増えているため、的確な事業性評価や、業績低迷・不振企業に対する金融／経営改善・再生支援の推進が、強く求められるようになっています。担当の方々は「膨大な時間と手間、高度な知見・スキルが必要になる」と暗澹たる気持ちになっているかもしれません。知見・スキルの養成に関しては、すでに申し上げたので、ここでは「膨大な時間と手間をいかに短縮・軽減するか」についてお話ししたいと思います。

増加・煩雑化する業務を、これまでどおりのやり方で実施しようとすると、オーバーフローを招きます。しかし、前掲図表3－4に示すタスクに係る作業内容・フロー、実施体制・方法の改善・見直しを実施すれば、作業時間の削減／工数投入・配分の適正化が実現されます。

例えば、営業活動やモニタリングなどを通じて日常的に収集・蓄積した情報・データや分析・評価の結果を組織的に共有し、「①事実・真相の見極め」に活用することが有効です。金融機関内で横断的に以下の情報・データを共有しようとすると

大規模なシステム構築・改修が必要になります。

・企業概要情報（顧客企業の属性・沿革、経営管理体制、事業内容、外部環境、経営資源、今後の事業展開など）

・財務情報（顧客企業のBS・PL・CR・CF、資金繰り、自己査定／信用格付け、同業者の平均財務諸表など）

・稟議情報（貸付け・条件変更などの稟議書／添付資料)

　それゆえ各現場で情報・データの収集・分析に係る体制・方法を整備し、ラインの間で情報・データを共有して事業性評価や金融／経営改善・再生支援に活用することが有効です。これにより審査時などに集中した作業が分散・平準化され、効率的・効果的にタスクを遂行できます。また、以下の取組みにより「②論理的思考」「③関係者とのコミュニケーション」に係る合理化・効率化が実現されます。

1）　決裁権限の委譲、決裁ラインの短縮化／回付先の削減

2）　分析・検討・評価の方法や作成資料のフォーマット化／標準化、品質の適正化（遺漏・不足／過剰の是正）

3）　個別案件に係る実施方針／作業内容の明確化、適時適切な状況確認／指導助言・サポートの実施

4）　コミュニケーションの適正化

　このうち、1）・2）などは組織をあげての取組みで、業務システムの構築・改修を伴うため、ハードルが高いものになりますが、3）・4）は現場レベルでも実施できます。

　例えば、Face to Faceの会議・打ち合せを「迅速な意思決定・合意形成が必要なもの」に限定し、「情報共有や定型的な確認／指示・アドバイス」などはメール・社内SNS・掲示板な

第3章 | 事業性評価、経営改善・再生支援の組織的推進

どを活用する。あるいは、できるだけWeb会議システムを使って会議・打ち合わせを行うようにする。こうした取組みだけでも、時間的・場所的拘束や大量のペーパーの用意、調整・セッティング／議事メモ作成など非生産的な作業から解放され、時間と工数が創出されます。

このようにタスクを計画的・効率的に進め、空いた時間と工数を経営者との面談や自己研鑽などに投入すれば業務の高度化や営業の推進につながります。金融機関といえどもエントロピー増大の法則から逃れられません。改革・革新を怠ると必ず崩壊・破綻を迎えます。現状に対し問題意識をもち、体制・方法の整備・強化、能力開発の推進、ノウハウ・ナレッジの組織共有や活用に、一体的・有機的に取り組むことが肝要と考えます。

以上、事業性評価や経営改善・再生支援の組織的推進に関して考察してきました。くれぐれも安易にAIを利用したり、放置状態のうえ稟議時に何度もダメ出しをしたり、部下の育成を丸投げしたりといったことがないよう、お願いします。

第 4 章

理想的な事業性評価
〜「誰もが納得する事業性評価」の実践〜

私の愛読書の一冊『善の研究』（西田幾多郎著）には、以下の一節があります。

　「実在とはただ我々の意識現象即ち直接経験の事実あるのみである。この外に実在というのは思惟の要求よりいでたる仮定にすぎない」「これらの仮定は、つまり思惟が直接経験の事実を系統的に組織するために起った抽象的概念である」

　「我々は意識現象と物体現象と二種の経験的事実があるように考えているが、その実はただ一種あるのみである。即ち意識現象あるのみである。物体現象というのはその中で各人に共通で不変的関係を有する者を抽象したのにすぎない」

　「純粋経験の上より見れば、意識現象の不変的結合というのが根本的事実であって、物の存在とは説明のために設けられた仮定にすぎぬ」（以上、西田幾多郎『善の研究』（岩波文庫、1950年）から抜粋引用。第5項も同じ）

　私の愛読書であり、何度も読み返しているのですが、そのたびに新たな気づきがあったり、感じ方・捉え方が異なったりという不思議な書籍です。いずれにしても非常に難解で常人の思考をはるかに超越した著述であることは間違いありませんが、本書における主張と符合するところがなきにしもあらずです。「どこが？」というツッコミが聞こえてきそうですが、私なりの勝手な解釈を申し上げます。西田先生、西田哲学の研究者の方々、大変申し訳ありません。

　さて、「意識現象」について考えてみます。「実在とはただ我々の意識現象即ち直接経験の事実あるのみ」と記されていますが、「実在」を「対象企業の有り様」とすると、「対象企業の

第4章 │ 理想的な事業性評価～「誰もが納得する事業性評価」の実践～

図表4－1 「意識現象」に関する考察

「実在」＝「意識現象（直接経験の事実）」

「対象企業の有り様」＝「担当者が直接経験した事実」

「思惟より出た仮定」＝「直接経験の事実を系統的に組織した抽象的概念」

「事業性評価の結果」＝ 「対象企業の有り様を分析・評価して論理的に構成した結果」

有り様は、我々（事業性評価の担当者）が直接経験した事実あるのみ」ということができます。

　そして「これらの（思惟の要求より出た）仮定は、つまり思惟が直接経験の事実を系統的に組織するために起った抽象的概念である」という記述のなかの「これらの仮定」を「事業性評価の結果」に置き換える。

　すると、「事業性評価の結果は、担当者が直接経験した事実（＝対象企業の有り様）を系統的に組織する（＝分析・評価して論理的に構成する）ことによって起こった抽象的概念である」ということになりそうです（図表4－1）。

　また「物体現象」については、「意識現象の中で各人に共通で不変的関係を有する者を抽象したのにすぎない」と記されています。このうち、「各人の意識現象に共通で不変的関係を有するもの」を「対象企業の有り様に関する共通認識」、「抽象したもの」を「分析・評価し、論理的に構成したもの」としてみます。

　すると、「物体現象」は「対象企業の有り様に関する共通認識を分析・評価し、論理的に構成したもの」といえそうです。

123

図表 4 − 2 　「物体現象」に関する考察

| 「物体現象」＝「各人に共通で不変的関係を有する意識現象を抽象したもの」 |

| 「物体現象」＝「対象企業の有り様に関する共通認識を分析・評価し、論理的に構成したもの」 |

| 「物体現象」＝「誰もが納得する事業性評価」 |

| 「意識現象の不変的結合」＝「根本的事実」 |

| 「誰もが納得する事業性評価」＝「真相を穿った評価」 |

　先ほど、「各人の思惟によって抽象化された意識現象」が「各人の事業性評価」としましたので、「各人に共通する意識現象を抽象化した物体現象」は「誰もが納得する事業性評価」といえるのではないでしょうか（図表 4 − 2）。

　さらに「意識現象の不変的結合というのが根本的事実である」と言い切っています。「各人に共通する意識現象の不変的結合（を抽象化したもの）」は「誰もが納得する事業性評価」と位置づけられましたので、これこそが「各人に共通する根本的事実＝真相を穿った事業性評価」といえそうです。

　『金融機関が行う経営改善支援マニュアル（第 3 版）』（金融財政事情研究会、2019年）のなかで、私は以下のことを申し上げています。

　「帰納法とは具体的な事実から「あるべき姿（To Be）」を導き出す思考方法です」

第4章 | 理想的な事業性評価〜「誰もが納得する事業性評価」の実践〜

「徹底的に事実を把握し、客観的な分析により事実の「根本原因」や「真相」を究明して「To Be」を導き出す。そのようなスタンスで取り組めば、実態に即した説得力のある経営改善支援を進めることができます」

「普遍的な理論から個別の「To Be」を導き出す演繹法では、「結論ありき」や「実態からの乖離」を招くおそれがあります」

虎の威を借りて西田風に申し上げれば、「絶対的なもの」「普遍的な理論」があるわけではなく、「予断をもたずに事実・真相を把握し、論理的思考によって事業継続・持続的発展の蓋然性を見極め、ステークホルダーとの共通認識や納得感の高い合意の形成を図ること」が肝要であると考えます。

私たちは、いわゆる神様ではないので、「絶対的に正しい事業性評価」はできません。西田風に申し上げれば、「絶対的に正しい事業性評価は存在しない」ということでしょう。

ただ、「誰もが納得する事業性評価」であれば可能です。そして、この事業性評価こそ「理想的な事業性評価」であると、私は確信しています。

1 「想像力」と「信頼関係」が不可欠

　第1項に入る前に長広舌になってしまいました。話が長いのは不安のあらわれです。見透かされないようにしなければなりませんね。

　第1章で、事業性評価を「いかなる環境下にあっても事業を継続し、持続的に発展する蓋然性を評価すること」と定義しました。これを「誰もが納得する事業性評価」の定義として修正すると、「いかなる環境下にあっても事業を継続し、持続的に発展する蓋然性を想像して、関係者を納得させること」となります。最後段が微妙な表現に置き換わっていますね。

　ポイントは2点。「想像」と「関係者の納得」です。

(1) 誰もが納得する想像をする

　「想像」とは「実際に知覚に与えられていない物事を心のなかに思い浮かべること」です。西田風に申し上げれば、「思惟によって直接経験の事実を系統的に組織し抽象的概念を導き出すこと」といった感じでしょうか。ですから、「空想」や「妄想」ではありません。

　また、物事の道理を悟り知る「理解」ではなく、なるほどと認め承知・了解する「納得」を得るためには、相手方に自身の主張の合理性を見いだしてもらうだけでは足りません。「他の主張よりも琴線に触れ自分の思惟・思考と合致する」と、心から同意・共感してもらわなければなりません。

したがって「誰もが納得する想像」を行うには、①客観的な根拠に基づいた事実・真相を把握・究明し、②事実・真相や根拠となる情報・データを踏まえて論理的な考察を行い、取り組むべき課題や具体的対応策などを導出する。そして、③ステークホルダーの心理・行動原理を深く洞察し、ステークホルダーの同意や共感が得られるようなコミュニケーション戦略を練り、実行することが肝要といえます。

前章などでも触れましたが、①事実・真相の見極め、②論理的思考による取り組むべき課題などの導出、③ステークホルダーとのコミュニケーションによる納得感の高い合意形成という「3つの取組み」を有機的に進めていくことにより、誰もが納得する事業性評価が実現されます。

こうした事業性評価を円滑・着実に行うためには、想像の源泉となる「3つのスキル」を磨き、ハイスペックな想像を実践しなければなりません（前掲図表3-4参照）。

まず「①事実・真相の見極め」においては、テクニカルスキルを駆使して財務分析・企業活動分析を行い、エビデンスを積み上げ、企業活動上の問題点など経営・事業に関する事実・真相を抽出します。誰もが納得する想像（事業性評価）のベースとなる判断材料を収集し、次の取組みにつなげるものです。したがって、主観やバイアスを排除し、客観的な根拠に基づいて真相を見極めなければなりません。

続く「②論理的思考による課題などの導出」では、コンセプチュアルスキルを大いに発揮して、論理的考察とその検証・評価を重ね、誰もが納得する想像を具象化します。

具体的には、事実・真相や根拠となる情報・データを踏まえ
つつ、環境変化の分析によって今後の機会・脅威／強み・弱み
を抽出し、クロスSWOT分析により取り組むべき課題や具体
的対応策を検討します。そして、具体的対応策やアクションプ
ランの妥当性・実現可能性を評価し、検証・修正によって論理
的考察をブラッシュアップします。このプロセスにおいても、
主観・バイアスを排除するとともに、前例や固定観念にとらわ
れず、柔軟かつシンプルに、ストーリー立てて論理的考察を行
うことが重要です。

　最後の「③ステークホルダーとのコミュニケーション」は、
ヒューマンスキルを駆使して、具象化された論理的考察の成果
を社内外の関係者と共有し、納得を得るものです。これまでの
分析・検討・検証により具象化された未来予想図は、主観・バ
イアスが排除され、誰もが理解するものになっているでしょ
う。しかし、「理解を納得へ昇華させる」ためには、もう一工
夫が必要です。それが、この3番目の取組みです。

　関係者の納得を醸成するには、一人ひとりの心理・思考を踏
まえ、具象化された論理的考察などを丁寧に説明し、親身に
なって折衝・調整を行い、同意・共感を得なければなりませ
ん。本プロセスは相手をおもんぱかり、相手の立場に立って論
理的考察の結果を共有し、個別の想像をすり合わせて（共想）、
関係者の合意形成を共創するもので、誰もが納得する事業性評
価にとって不可欠なプロセスです。

　この3つの取組みは、次項以降であらためて詳述します。

⑵ 高い納得感は「強い信頼関係」から生まれる

これまで、誰もが納得する想像（事業性評価）に必要な３つの取組みについてお話ししましたが、想像力が優れているだけでは、高い納得感は得られません。想像力と同等以上に必要なのは、関係者との「強い信頼関係」です。

やや情緒的な話になりますが、社会的動物であるヒトは、生存するため他者との円滑な関係を構築・維持し、共存共栄を実現していかなければなりません。それゆえ、コミュニケーションによって関係性を確認しながら、Give＆Takeや相互扶助を実践することが重要です。特に利害得失が対立しがちな金融／経営改善・再生支援においては、関係者間の強い信頼関係がなければ円滑な合意形成や一体的な協調支援を実現することができません。したがって、日頃から緊密なコミュニケーションやWin-Winの取引を重ねていかなければなりません。

また、「約束を守る、嘘をつかない、隠さない」「ぶれない、手のひら返しをしない」「公平・公正である」といった態度を貫くことも必要です。状況の変化により前言を撤回したり、対応を変えざるを得ないケースもあります。しかし、そうした場合も関係者に対して誠実・丁寧に説明し、納得を得なければなりません。「土砂降りのときに傘を取り上げる」「支店長・課長・担当者が替わると対応が変わる」といわれないよう、矜持をもって誠心誠意の対応を徹底することが肝要です。

以下では「①経営者との信頼関係」「②上司・部下、関係部署との信頼関係」「③他の金融機関・支援機関との信頼関係」

について、考えてみたいと思います。

　なお、信頼関係の構築は個人的なものではなく、「組織対組織の信頼関係」であることはいうまでもありません。

　①　経営者との信頼関係

　金融支援や経営改善・再生支援を相談する際、経営者は社運をかけて金融機関と対峙します。そうした経営者と腹を割って今後の経営・事業について語り合い、円滑・着実に支援を進めるには、経営者から全幅の信頼を得なければなりません。

　日常的な営業活動により何でも話せる間柄となり、リスクテイクや支援がしっかり行われ、Win-Winの関係が構築されている、あるいはそういう関係を構築できると経営者に感じてもらう必要があります。

　「事実・真相の見極め」は誰もが納得する事業性評価のベース・基点となるものです。それゆえ以降の取組みが円滑に行われるよう、企業活動上の問題点などに関する共通認識を形成しなければなりません。しかし、財務分析の信憑性・客観性について経営者が疑念を抱いたり、原因や真相の仮説について腹蔵なく意見交換できなかったり、見極められた企業活動上の問題点などに納得しなかったりすると、その後の取組みに悪影響が出ます。

　「論理的考察」においては、「採るべき課題や具体的対応策は何か」「具体的対応策は妥当かつ実現可能なものか」「今後の収支・資金繰り見通しはどのようになるか」といったことについて経営者と認識を共有しなければなりません。ところが、「金融機関が主張する課題や具体的対応策は、真に取り組むべきも

のなのか、金融機関の都合によるものではないか」「具体的対応策の妥当性・実現可能性や今後の見通しに関する金融機関の評価は正しいのか、我田引水ではないか」といった疑念や不信感が生じると、立ち行かなくなります。

また「関係者とのコミュニケーション」では、論理的考察の結果を踏まえ、適切な基本計画・アクションプランの策定、遂行の徹底に関する合意形成が行われます。しかし、気が置けない関係になっていないと、ざっくばらんに対話できず、説明や折衝・調整の過程で「当社のためを思って提案しているのか」「金融機関の事情ではないか」と経営者が疑心暗鬼になったり、「本当に経営改善や事業再生に資するのか」といった疑念を抱いたりします。そうなると、計画策定がおろそかになったり、アクションプランの実施が徹底されなかったりということになりかねません。

このように、いくら優れた想像（事業性評価）を行っても、強い信頼関係が築かれなければ経営者の納得感が得られず、経営改善・事業再生への取組みがおぼつかなくなることを肝に銘じる必要があります。

②　上司・部下、関係部署との信頼関係

金融機関内においても、関係者との間で強い信頼関係を構築・維持することが重要です。サラリーマンにとっては言わずもがなですが、あらためて考えてみます。

まず「事実・真相の見極め」では、財務分析、原因・真相に係る仮説設定、企業活動分析に関して「担当者からの報告・連絡・相談」「上司からの指示・指導助言」「関係部署からのサ

ポート」などが行われます。その際、「あの上司はパワハラだ、理不尽な指示をする」「あの部下は隠し事をする、指示や指導に従わない」「あの関係部署のサポートは、いいかげんだ」「あの支店では問題を抱え込み本部に相談しない、助言・サポートをしても活用されない」。そうしたことがあればコミュニケーションが十分に行われず、「事実・真相の見極め」に支障を来します。

　課題の導出、具体的対応策の検討、妥当性・実現可能性の評価、今後の見通しの検討、レポートの作成など「論理的考察」のプロセスでは、上司・部下・関係部署との間で協議・すり合わせが行われます。しかし、当事者の間で不信感があると、組織的な検討・評価や作成されたレポートのブラッシュアップが十分に行われず、高いレベルでの論理的考察や適正な成果物の作成が実現されません。

　また「関係者とのコミュニケーション」では、金融機関内での説明、折衝・調整を経て誰もが納得する想像（事業性評価）や支援策の承認・決裁が行われます。しかし、互いに信頼していなければ、事業性評価や経営改善・再生支援に関する的確な意思決定が円滑に行われません。

　経営者と同様、互いをリスペクトし合い、日常的に緊密なコミュニケーションや相互扶助を重ね、当事者間で強い信頼関係を構築する。そして、それをベースに事業性評価などを円滑・着実に進めていくことが肝要です。

　③　他の金融機関・支援機関との信頼関係

　シンジケートローンなど協調融資や再生計画に基づく抜本再

生支援（私的整理）を実施する際、他の金融機関や中小企業活性化協議会など支援機関との協調・連携が不可欠です。したがって、こうした外部機関との間でも強い信頼関係を築かなければなりません。

「財務・事業デューデリジェンスによる事実・真相の見極め」「論理的考察による課題・具体的対応策の導出、基本計画・アクションプランの検討、妥当性・実現可能性の評価」「関係者との合意形成、計画や支援方針の同意・承認」。他の金融機関・支援機関との間では、このように様々なタスクで協議や折衝・調整が行われます。しかし、アライアンス相手との信頼関係が脆弱な場合、協議、折衝・調整が円滑に行われなかったり、不十分であったり、結果や振る舞いに不信感を抱いたり、承認された計画のモニタリングがおろそかにされたりして、金融や経営改善・再生支援の円滑・着実な実施に支障を来すことになります。

金融機関や支援機関はそれぞれ個別事情を抱え、必ずしも利害が一致しないことが、ままあります。したがって、合意形成に向け、他の機関との間で協議・利害調整を行い、互いに歩み寄って、落とし所を探らなければなりません。

しかし、「あの金融機関は協調の姿勢がみられない、自社の利益だけにこだわっている」「あの支援機関はリーダーシップが乏しい、金融機関調整に消極的である」といったことが、ないわけではありません。

金融機関や支援機関には、地域企業の事業継続・持続的発展を下支えし、雇用の確保や地域経済の振興・発展を実現する

ミッションがあります。ただ、メイン単独での支援には限界が
あるため、取引金融機関や支援機関は強固な協調・連携体制を
築き一体的に支援を進めていかなければなりません。

　それゆえ金融機関・支援機関の間で強い信頼関係を構築し、
共通のミッションのもと利他の精神で、個別案件ごとに協調・
連携して経営改善・再生支援などを推進していくことが必要不
可欠です。

　今後の事業継続が見込めない企業の場合でも、社員の雇用や
サプライチェーンの維持に配慮しつつ、廃業や事業譲渡などを
促進することが肝要です。そうした「看取り」のケースにおい
ても、金融機関・支援機関の間で事業性評価などに関する共通
認識を形成し、足並みをそろえて支援を進めていかなければな
りません。いずれにしても、金融機関・支援機関の間の強固な
信頼関係は、地域企業・地域経済の持続的発展にとってかけが
えのないものであるといえます。

2 有効情報・データに基づき「真相」を探究 ～第1「事実・真相の見極め」～

　本項から第4項において、「誰もが納得する事業性評価における3つの取組み」それぞれに関してお話しします。まず「事実・真相の見極め」についてです。

　第1の「事実・真相の見極め」は、「客観的な情報・データに基づく事実の把握→エビデンスに基づく仮説の設定→根源・根本を捉えた真相の究明」という手順で進めます。

(1) 客観的な情報・データに基づく「事実」の把握

　まず、決算書・試算表を正確に整理した時系列の連続財務諸表、同業者の平均財務データ、製造・販売などに関する社内管理資料、各種調査・統計など信頼性の高い情報・データを収集・吟味します。インターネット上の情報のなかにはフェイク情報や不正確な情報、偏向的・独善的な情報が多数含まれるため、情報・データを取捨選択して不適切なものを排除しなければなりません。また、粉飾決算の場合はデータ修正を行い、実態財務を把握する必要があります。

　こうして収集・選択された信頼性の高い情報・データを用いて、財務上の問題点などを把握します。その際、長期の時系列推移の分析や同業者平均データとの対比を行い、構造的な問題点などを抽出することが重要です。

　例えば、コロナ禍など一時的な外部環境悪化の影響が考えら

れる場合、「それ以前や同業他社と比較してどうか」といった観点で分析します。

　あるいは、「一人当たり付加価値額が同業者に比べ低水準」という問題点が抽出された場合、一人当たり付加価値額を売上高付加価値額比率と一人当たり売上高に分解します。そして「原因は採算性が悪いからか、効率性が低いからか、その両方か」を明らかにします。

　さらに「一人当たり売上高が同業者に比べて低い」という場合、売上単価と一人当たり売上数量に分解して「原因は単価が低いからか、数量が少ないからか、その両方か」を確認し、事実の深掘りを進めていかなければなりません。

　外部環境の変化に一喜一憂したり、表層的な事実にとらわれたりせず、構造的な問題点をあぶり出すような分析を行う。そして、正確で客観性の高い事実、外部・内部環境に潜む本質的・根源的な事実を把握することが肝要です。

⑵　エビデンスに基づく「仮説」の設定

　客観的な情報・データに基づく分析により、財務上の問題点などを把握したところで、その根本原因や問題点などの裏にある真相を究明するため、「仮説の設定」を行います。

　ここでも、固定観念やバイアス、恣意性・独善性、過去の経験や前例を排除し、エビデンスに基づいて関係者と検討・協議し、客観的に仮説の設定を進めていくことが肝要です。

　具体的には、分析結果に基づき、関係者の間で予断を許さず大所高所から複眼的に討議し、企業活動上の問題点（脅威・弱

第４章 ｜ 理想的な事業性評価〜「誰もが納得する事業性評価」の実践〜

み）などに関する仮説を設定します（図表４－３）。

　例えば売上単価が低い場合は、「対象市場が成熟・衰退期にある」「取扱製品の需要が減少している」「同業者との競合が激化している」「取扱製品の競争力が低い」といったことが、根本原因や真相として考えられます。また一人当たり売上数量が少ない場合は、外部環境に係る問題点のほか、「顧客の購買力が低い」「設備の能力が低い」「製造・営業・販売・物流などに問題がある」といったことが想定されます。

　同一事象であっても、根本原因や真相に関する見立てが異なったり、複数の根本原因が複合的に絡み合ったりといったことが少なくありません。検証の結果「なるほどねえ」「気がつかなかった」「目から鱗が落ちた」ということもあります。それゆえ、見落とし・見過ごしがないよう各関係者の見解を尊重し、候補を絞り込まず仮説を幅広く設定して、あらゆる可能性をエビデンスに基づいて検証することが重要です。

　各人が捕捉した「事実」は必ずしも同一ではありません。なぜなら、五感による事象の捉え方が人によって異なるからです。例えば同一事象を視覚で捉えても、「見ている範囲・焦点、見方、見え方」が千差万別で、認識が相違します。そのため、こうした事実に基づいて検討・評価を進めると、事業性評価などに係る合意形成ができません。適正かつ客観的なエビデンスに基づいて事実を統合・抽象化し、共通認識としての「真相」に昇華させなければなりません。

　次工程では、本工程の仮説設定に基づいて所要の企業活動分析を行いますが、的確に分析方法を選択し、円滑に真相（機

137

図表 4 - 3　財務上の問題点などを踏まえた仮説設定

問題点など	原因・真相に係る仮説	企業活動分析
売上単価が低い 売上数量が少ない	・ライフサイクルが成熟・衰退期にある ・需要が小さい、減少している ・需要の多様性・深度が乏しい、多様化・深化の余地がない ・同業他社との競合が激しい、激化している ・新規先・代替品の参入が激しい、激化している ・販売先、仕入・外注先との力関係が弱い ・バリューチェーンの再編を余儀なくされている	○対象市場、需要・供給の分析
売上単価が低い	・取扱製品・サービスの競争力が低い、低下している	○取扱製品・サービスの分析
	・企画・開発・設計の体制・方法に問題がある	○事業体制・方法の分析
	・製造・施工の体制・方法に問題がある	
	・営業・販売・サービス提供の体制・方法に問題がある	
売上数量が少ない	・顧客の購買力が低い、低下している ・顧客数が少ない、減少している ・成約率が低い、低下している	○販売先の分析
	・設備の能力が低い、低下している ・設備が効率的・効果的に稼働していない	○設備、社員、仕入・外注先の能力・状況の分析
	・社員の能力・モチベーション等が低い、低下している	
	・仕入・外注先の能力が低い、低下している ・仕入・外注先に問題がある	
	・製造・施工の体制・方法に問題がある	○事業体制・方法の分析
	・営業・販売・サービス提供の体制・方法に問題がある	
	・物流・輸送の体制・方法に問題がある	

会・脅威／強み・弱み）を究明するには、仮説の設定が要諦だと肝に銘じましょう。

(3) 根源・根本を捉えた「真相」の究明

本プロセスの最後に、企業活動分析によって根本原因や真相に関する仮説を検証し、現状の機会・脅威／強み・弱みを見極めます（図表4-4）。

例えば、「対象市場は生成・成長期にある」「需要は拡大している」「同業者との競合があまりない」という分析結果になれば、外部環境に機会がある。逆に「成熟・衰退期にある」「需要が減少している、多様化・深化の余地がない」「同業者との競合や新規先・代替品の参入が激しい」「バリューチェーンが再編されシェアが縮小している」ということが導き出されれば、脅威があると考えられます。

また、「取扱製品の競争力が高い」「設備の能力が高く、効率的に稼働している」「社員のスキル・モチベーションが高い」「販売先の購買力が高い」「製造、営業の体制・方法が適切で効果的に運営されている」ということであれば、その経営資源に、強みがある。しかし、「取扱製品の競争力が低い」「設備が老朽化し、能力が低下している」「仕入・外注先や製造／営業・販売の体制・方法に問題がある」といったことなら、その経営資源が弱みになっていると考えられます。

まず、経営者など関係者との間で分析・検討の進め方について合意形成する。そして、仮説検証の結果やそのエビデンスを共有し、ディスカッションによって根本原因・真相を客観的に

図表4－4　企業活動分析による現状の弱みなどの見極め

企業活動分析	現状の脅威・弱み
○対象市場、需要・供給の分析	・ライフサイクルが成熟・衰退期 ・既往製品・サービスの劣化・陳腐化により需要が減少 ・需要の多様化・深化の余地なし ・同業者、売り手・買い手との競合が激化 ・新規先・代替品の参入が増加 ・サプライ・バリューチェーンが劣化、供給金額・シェアが減少
○取扱製品・サービスの分析	・製品・サービスの機能・性能・効用が劣る、劣化 ・製品・サービスの品質・供給力が劣る、劣化 ・製品・サービスの価格力が劣る、劣化
○社員のスキル・モチベーション等の分析	・給与体系・水準、処遇、勤務評価、就労条件、福利厚生、職場環境に問題あり ・人材確保、定着率、年齢構成、能力開発に問題あり ・社員の能力・スキルレベル、モチベーション、モラルが低い
○設備の能力・状況の分析	・必要な設備がない・不足、設備の機能・性能が低い・低下 ・設備が老朽化・陳腐化、自動化・省力化・ICT化、省エネ化・燃費向上が停頓 ・設備が低稼働・オーバーフロー、余剰・遊休設備あり
○仕入・外注先の能力・状況の分析	・仕入・外注先の能力が低い・低下 ・欠品・納期遅れあり、品質が悪い・不安定 ・コストパフォーマンスが悪い・悪化、価格対応力低い・低下 ・経営状況が悪い・低下
○販売先の分析	・購買力、取引の採算性・効率性が低い・低下 ・経営状況・生活状況が悪い・悪化、事業・所得が縮小
○事業体制・方法の分析	・指揮命令系統、業務の分掌・役割分担、連携・コミュニケーション、要員配置・人材育成、管理・業務遂行に問題あり ・各業務（企画・開発・設計、製造・施工、営業・販売・サービス提供、物流・輸送）の要員の能力・スキルレベルが低い・低下 ・有力なパートナー・ネットワークなし ・各業務の体制・方法、作業内容・サービス内容・プロセス・工程、顧客管理、各業務管理、品質・設備管理に問題あり ・設備・要員の配置、レイアウト・ライン・作業動線、工数配分・工程間バランス、店舗立地、品ぞろえ・陳列に問題あり ・設備・システム、作業環境、製法・工法、技術・ナレッジが劣る・劣化、5Sが不徹底、安全管理がずさん ・広告宣伝効果が低い・低下、ソリューション提案が不十分 ・内製・外注の設定に問題あり ・作業時間・非作業時間が長い、作業の繁閑が顕著 ・見積りがずさん、問題あり ・製造・施工品質、稼働率・回転数が低い・低下

見極める。このような共同作業によって仮説の検証を進め、客観性や納得感を高めていくことが肝要です。

3 固定観念などを排除して「未来予想図」を構想 〜第2「論理的考察」〜

　続く「論理的思考による課題などの導出」は誰もが納得する想像に係る3つの取組みの肝になります。

　本プロセスは、企業活動分析によって見極められた現状の機会・脅威／強み・弱みとそのエビデンスを踏まえて以下の取組みを行い、論理的に「未来予想図」を構想します。

・環境変化の分析、今後の機会・脅威、強み・弱みの導出
・取り組むべき課題、具体的対応策の検討
・具体的対応策の妥当性・実現可能性の評価
・今後の収支・資金繰り見通しの検討
・上記を踏まえた未来予想図（経営計画・アクションプラン、事業性評価などに係るレポート）の可視化

　その際、固定観念やバイアス、恣意性・独善性を排除し、過去の経験や前例にとらわれずに、ストーリー立てて考察することが肝要です。

(1) 固定観念やバイアスを排除した考察

前プロセスでも再三申し上げましたが、誰もが納得する想像（事業性評価）を実践するには、固定観念やバイアスなどを排除し、過去の経験や前例にとらわれず、エビデンスに基づき客観的・論理的に思惟・思考しなければなりません。

『広辞苑（第7版）』によると、「固定観念」とは「絶えず意識を支配し、それによって主として行動が決定されるような観念」です。

また「偏り・偏見・先入観・思い込み」を意味する「バイアス」には、直感や過去の経験に基づく先入観によって考察・判断が非合理的になる「認知バイアス」、先入観に基づいて他者を観察し、自分にとって都合のよい情報だけを集めて偏向的な考察を行う「確証バイアス」などがあります。

固定観念やバイアスは、いずれも簡単に払拭したり、制御したりすることが困難で、直感によって即座に判断する「システム1」のみならず時間をかけて論理的思考を行う「システム2」にも悪影響を及ぼします。その結果、論理的思考が歪められ、的確な考察・判断が妨げられたり、的外れな結果が導き出されたりする恐れがあります。

「多様な経歴／思考／知識・見識を有する関係者・有識者（コンサルタントなど）による検討・協議体制を構築する」「自由闊達な討議・意見交換、多様性・客観性・革新性を尊重した論理的考察／思考の統合・抽象化を推進・徹底する」。

真相を穿った分析・検討・評価を実現するためには、このよ

うな体制・方法を取ることが重要かつ有効です。そして、固定
観念やバイアスのくびきから逃れ、ノイズを排除し、陥穽を回
避して、論理的考察の客観性を確保しなければなりません。

⑵　前例などにとらわれない柔軟かつシンプルな考察

　円滑・的確な論理的思考を妨げるのは、固定観念やバイアス
だけではありません。事業性評価などに関する「過去の成功・
失敗の経験」や「前例」が悪影響を及ぼすことがあります。

　新規に論理的考察を行い、まったくの白地に一から未来予想
図を描くことは容易ではありません。それゆえ、似たような過
去の経験や前例を参考に下絵を描き、肉づけ・彩色を施して、
効率的に未来予想図を描こうとしがちです。根拠はないもの
の、「なんとなくの安心感」も醸成されます。

　このように、論理的考察を効率的に進める上で過去の経験や
前例の活用は有効なもののように思われます。しかし、新たな
業種・業態や未曾有の環境変化に直面すると、過去の経験や前
例はまったく参考にならず、あまつさえ誤った論理的考察を招
くことにもなりかねません。

　また、過去の成功体験・前例が過剰に美化・称讃される一
方、失敗の経験・前例は過度に忌避される傾向があります。

　したがって、過去の経験・前例を事業性評価などに適用する
と、論理性・客観性を度外視して過信されたり、過小・過大に
評価されたりして、ミスリードする恐れがあります。また、多
数の人が抱く先入観や思い込みである「ステレオタイプ」に引
きずられたり、きめ細かな論理的考察や検証を行わず、経験や

先入観に基づき直感で即断する「ヒューリスティック」を引き起こしたりする危険もあります。

　こうした懸念を踏まえると、過去の経験・前例を事業性評価などに適用する場合は、対象企業の業種・業態、今後の環境変化、取り組むべき課題・具体的対応策などの同一性・類似性を見極め、論理的考察の参考にするという程度のスタンスで臨むことが肝要といえます。

　適用の意義が乏しく、弊害があることを考慮すれば、過去の経験や前例にとらわれず、柔軟かつシンプルに論理的考察を進める。そして個別性に着目し、予断を許さず課題や具体的対応策の検討、妥当性・実現可能性の評価、今後の収支・資金繰り見通しの検討、「未来予想図」の可視化を進めていくことが重要であるといえます。

⑶　ストーリー立った考察

　前掲『金融機関が行う経営改善支援マニュアル（第3版）』で、以下のように申し上げました。

「優れた経営改善計画は、総じて論旨がシンプルで、論理性・整合性が高く、社員やステークホルダーの深い理解・納得が得られるものです。経営改善支援においては、各プロセスを進めるなかで、検討の拡散／深掘り／取捨選択／絞込みという作業を行います。ところが、その過程で「論旨が一貫しない」「プロセス間の整合性がない」といったことが、往々にして起こります。こうしたことを防ぐためには、論理性・整合性が確保されていることを節目節目で確認し、ストーリー

性を担保していくことが重要です」

同書は、経営改善支援のあり方について記したものですが、これを事業性評価にも援用できます（図表4－5）。

本項ではこれまで、論理的思考による課題の導出などにおいて「固定観念・バイアスを排除した考察」「過去の経験・前例にとらわれない柔軟かつシンプルな考察」が重要かつ有効であると申し上げてきましたが、同様に「ストーリー立った考察」も不可欠です。

論旨にストーリー性がなかったり、複雑な論理構成・展開であったりすると、関係者の琴線に触れず、理解・納得感の醸成が難しくなります。対象企業は「円滑・着実なアクションプランの策定・実行」のため、金融機関は「適切な事業性評価や経営改善・再生支援」のため、それぞれが以下のような「ストーリー性のある考察」を行い、所期の趣旨・目的が達成されることを確認しなければなりません。

1）ストーリーⅠ：「課題の導出は適切か」

・財務上の問題点などから推察すると、経営・企業活動上の問題点・優位点としてこうしたことが考えられる

→・企業活動分析の結果、現状の機会・脅威、強み・弱みとしてこうしたことが抽出された

→・ただ、外部環境の変化を考慮すると、今後の機会・脅威は、このように変異するとみられる

→・したがって、今後、こうした事業展開により機会を獲得したり、脅威を回避したりしなければならない

→・他方、内部環境の変化により、今後、強み・弱みは、この

図表4-5　経営改善支援における「3つのストーリー」

ストーリー	概要・プロセス
(1)ストーリーⅠ 「財務上の問題点などの抽出」から「取り組むべき課題の導出」に至るストーリー	次のプロセスにおいて「プロセス間の整合性」や「論旨の一貫性、論理性」があることを確認する ①財務上の問題点などの抽出【拡散】 ②現状の機会・脅威、強み・弱みの抽出【深掘り】 ③今後の機会・脅威、強み・弱みの設定【取捨選択】 ④取り組むべき課題の導出【収束】
(2)ストーリーⅡ 「取り組むべき課題の導出」から「今後の収支見通しなどの設定」に至るストーリー	次のプロセスにおいて「プロセス間の整合性」や「論旨の一貫性、論理性」があることを確認する ④取り組むべき課題の導出 ⑤取り組むべき具体的対応策の設定【深掘り】 ⑥妥当性・実現可能性の評価【取捨選択】 ⑦今後の収支見通しなどの設定【収束】
(3)ストーリーⅢ 全体としてのストーリー	次のとおりプロセス間の整合性を確認し、上記①から⑦に至る全体で「論旨の一貫性、論理性」があることを確認する ・③・⑤の整合性：今後の機会・脅威、強み・弱みに照らして具体的対応策が適切に設定されているか ・②・⑥の整合性：現状の機会・脅威、強み・弱みを踏まえ、妥当かつ実現可能な具体的対応策になっているか ・①・⑦の整合性：財務上の問題点が今後解決されるか

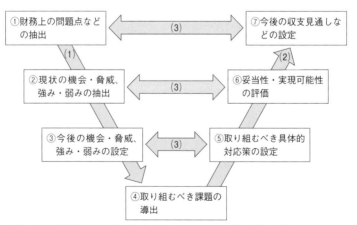

出所：「金融機関が行う経営改善支援マニュアル（第3版）」図表2-4・5に基づき筆者が加工

ように変異するとみられる

→・それゆえ、今後の事業展開を円滑・着実に進めるためには、強みのある経営資源を活用するとともに経営資源の強化・見直しによって弱みを克服する必要がある

2）ストーリーⅡ：「今後の収支見通しなどは適切か」

・取り組むべき課題は、こうしたことである

→・この課題の達成には、このような事業展開策や経営資源の整備・強化策の策定・実行が必要である

→・こうした具体的対応策を実施すれば売上げの増加、コスト削減が見込まれる。また、いずれの対応策も無理なく遂行でき、妥当かつ実現可能なものである

→・したがって、具体的対応策の実施により、今後の収支見通しなどは、このようになる

3）ストーリーⅢ：「財務上の問題点が解決されるか」

・今後の機会・脅威／強み・弱みと取り組むべき具体的対応策が整合している

・現状の機会・脅威／強み・弱みにかんがみても、妥当かつ実現可能な具体的対応策が設定されている

・アクションプランに基づく具体的対応策の実施により、このように収支などが改善する

→・アクションプランの策定・遂行、金融支援、経営改善・再生支援の実施により財務上の問題点が解決される

　全ての関係者において、このようなストーリーが描かれ、誰もが納得する未来予想図を共創できれば、事業継続・持続的発展に向けた確かな道筋ができあがるでしょう。

4 内外の関係者から「高い納得感」を導出
～第3「関係者とのコミュニケーション」～

　事業性評価や再生支援においては各ステークホルダーとの間で強い信頼関係を築き、緊密なコミュニケーションによって「高い納得感」を醸成しなければなりません。

　誰もが納得する想像（事業性評価）などの仕上工程である「関係者とのコミュニケーションによる納得感の高い合意形成」では、ヒューマンスキルを遺憾なく発揮し、以下の取組みを円滑・着実に進めていくことが要求されます。

・関係者の心理・思考・行動原理への深い理解
・導出された課題・具体的対応策・今後の見通しなどに関する
　きめ細かなプレゼンテーション
・関係者をおもんぱかった折衝・調整、経営改善・事業再生な
　どに関する納得感の高い合意形成

(1) 関係者の心理・思考などへの深い理解

　昨今、めまぐるしく外部環境が変化し、新たな業種・業態の誕生や多様化の進展が顕著になっています。こうした状況下では、過去の経験や前例が参考にならず、白地に新たなモデルを構築していかなければなりません。それゆえ、多様な関係者が参画して知見を集め、大所高所からの分析・検討・評価、高度な論理的考察を一体的に進めて、事業性評価などを共想・共創することが求められます。

148

しかし、多様な関係者が参画するということは、様々な資質・キャラクター、思考・志向、思想・信条、知見・スキルを有し、様々な経験を積んできた個性豊かな顔ぶれがいるということを意味します。「こうした関係者一人ひとりから高い納得感を得て、合意形成を図っていくことは容易ではない」ということが、容易に想像できると思います。

例えば、私は図表4−6に示すような資質・能力が経営者に求められると考え、観察してきました。しかし、これらを全て備えた「聖人君子」「正義のヒーロー」のような経営者に、いままでお目にかかったことはありません。したがって、金融機関や支援機関としては経営者の足らざる部分を補い、経営改善や事業再生などへの自主的・自律的取組みを促し、サポートしていかなければなりません。

金融機関内の上司・部下、関係部署も同様でしょう。おそらく島○作や半●直●のような関係者ばかりではありません。「あの上司は頭が固くて柔軟な発想ができない、度量がない」「うちの部下は指示されたことしかしない、自ら企画構想しようとしない」「関係部署は考え方が保守的で前例踏襲や現状維持にこだわっている」というような「声なき声」が聞こえてきそうです。

なかなかややこしい話ですが、「そういうものだ」と割りきり、「であれば」と各関係者の心理・思考・行動原理を深く理解し、それを関係者への説明・提案、折衝・調整に活かして、納得感の高い合意形成を導き出すことが得策といえます（図表4−7）。

149

具体的には、各関係者の性格・行動を洞察し、納得感の高い合意形成の障害となるものを把握するところから始めます。固

図表4－6　経営者に求められる資質・能力

課　題	要求される資質・能力
①現状や外部環境・内部環境の変化に対する**的確な理解**、中長期的な経営・事業構想、事業方針の**適切な立案**	・虚心坦懐：先入観・前例・成功体験にとらわれない ・情報収集・洞察力：事実を適切に把握し、根本原因や真実を見極める ・客観性：主観にとらわれず、物事を大所高所から俯瞰する ・企画構想力・論理的思考：物事をロジカルに捉え、ストーリー立った構想・方針を立案する
②社員やステークホルダー（取引先、金融機関、支援機関など）との**緊密なコミュニケーション、強い信頼関係の構築**	・正直・誠実さ：嘘をつかない、隠さない、約束を守る ・正確・公正さ：錯誤がない、正当である、偏らない ・折衝・調整力：自らの妥当性を主張するとともに、相手の利害を考慮し、想定する落とし所に導く ・気配り・思いやり・寛容さ：相手の立場で考え、尊重する ・プレゼンテーション力：相手のニーズを踏まえ、ポイントを押さえて分かりやすく説明・提案する
③計画・方針に対する**初志貫徹**、合意事項に対する**履行徹底**	・不撓不屈：困難に遭ってもひるまず、意志を貫く ・リーダーシップ・度量：全責任を負う姿勢を示し、計画全体を牽引するとともに、社員に権限を委譲し、具体的な計画・業務遂行を任せる
④**PDCAの徹底**、状況変化・問題発生に対する**迅速かつ柔軟な対応**	・帰納法的思考：事実から問題・課題をあぶり出す ・マネジメント力：進捗・品質管理や問題・課題管理を適切に行い、問題の解消、課題への取組みを着実に行う ・柔軟さ：問題・障害に対し、柔軟かつ臨機応変に対応する

【金融機関、支援機関】
・日常的な経営者との対話、金融支援や経営改善・再生支援を通じて、経営者らの足らざる部分を補い、「経営改善や事業再生への自主的・自律的な取組み」を促す

定観念やバイアスなどにとらわれると、客観性の高い分析・評価や論理的考察の支障となるため、排除しなければなりません。ただ、そうしたものを忌避したり、反発・対立したり、改善・矯正を求めたり、論破したりすると、コミュニケーションはそこで終わってしまいます。様々な想いがあるかもしれませんが、まず、①その障害となるものに一定の「共感・理解」を示すことが重要です。その上で、②客観的なエビデンスや他の関係者の意向などを示しながら、障害となるものを一緒に乗り越えなければならないことを丁寧に説明します。ここで重要なのは「一緒に」ということです。すなわち、当該関係者だけでなく、様々な思考・志向をもつ全ての関係者が「共通の目的・目標に向けて、それぞれが壁を乗り越えなければならない」ということを理解してもらいます。

　そして、③当該関係者が、その障害となるものを自主的・自律的に排除・抑制することを引き出します。当該関係者にとっては鬱屈・葛藤などがありますので、他の関係者と「壁を乗り越えた」ことを互いに讃え、同志として認め合い、一体感を醸成することが肝要です。

　また、思考・志向などの洞察を通じて、各関係者の「こだわり」「重視すること」を把握・共有することも重要です。ここでいう「こだわり・重視すること」とは、「前例踏襲・現状維持」といった表層的なものではなく、各関係者が自身の思考・志向などに基づいて抱く「根源的な想い」のことです。事業性評価や経営改善・事業再生の推進あるいは支援に関する「譲れない究極の目的」のことです。

図表４－７　納得感の高い合意形成の障害の解消

①障害となるものへの共感・理解
障害となるものに一定の共感・理解を示す

②障害の乗り越えへの意識醸成
障害の乗り越えの必要性を丁寧に説明し、理解・意識醸成を促す

③障害の自主的・自律的な排除・抑制の促進
障害となるものを自主的・自律的に排除・抑制することを引き出す

　例えば、「事業継続・持続的発展を遂げたい」「対象企業の生産性向上を支援したい」「対象企業の支援を通じて雇用確保や地域経済の振興・発展を実現したい」「自行の債権健全化、営業基盤の強化を図りたい」といったものです。

　関係者に対する説明・提案、折衝・調整を進め、納得感の高い合意形成を図る過程で、折り合いがつかない、意見が対立するといったことが、往々にして発生します。その際、各関係者の「こだわり・重視すること＝譲れない究極の目的」を把握・共有しておくことが非常に重要になります（図表４－８）。

　折り合いがつかない、意見が対立するといったことの原因は、ほとんどが採用する方法やプロセスに関するものです。事業性評価などの具体的な方法・プロセスに関して、各関係者に様々な見解があるなか、互いに自身の主張を押し通そうとすると、こうした問題が発生します。

　そうした場合には、以下のプロセスによって問題を解消し円滑に折衝・調整などを進めていくことが有効です。
①　具体的な方法・プロセスについて、いったん棚上げし、各関係者の「譲れない究極の目的」に立ち返って基本的・根源

的な方針・方向性を再確認し、あらためて合意形成する

② コンサルタントなど第三者の専門家の意見を軸に具体的な方法・プロセスを客観的に再検討し、プランBなどと併せて具体的方法・プロセスを再設定する

③ 事業性評価、基本計画・アクションプランの策定・実施／モニタリングを進めるなかで、適宜、具体的な方法・プロセスの修正・見直しやプランBなどへの切り替えを行う

　事業性評価などの具体的な方法・プロセスは、あくまで究極の目的を達成するための手段にすぎません。絶対的に正しい方法・プロセスはあり得ず、こうした細部・些末なことに拘泥し時間を浪費することが、いかに非生産的であるかを、まず各関係者が再認識する。そして基本に立ち返り、「そもそも、われわれは何を目指していたのか」「小異を捨てて大同につくべきだ」ということを再確認し、前に進む。

　このように「思考を上位概念へ遷移させる」上で、あらかじめ各関係者の「こだわり・重視すること」を把握・共有しておくことが重要かつ有効といえます。また、専門家の意見を軸に具体的な方法・プロセスを再設定しても、事業性評価などを進める過程で不具合が発生したり、その懸念が再設定の時点で表明されたりすることが想定されます。こうしたことに対処するためには、あらかじめプランBなどを準備し適宜切り替えができるようにするとともに、図表4－9に示すような「アジャイル的な体制・方法」を整備・運用することが有効です。

　「アジャイル型開発（反復型開発）」は情報システムの開発手法のひとつで、開発対象を小規模多数に分割し、それぞれにつ

図表4-8 こじれた折衝・調整などの立て直し

①思考の上位概念への遷移
具体的な方法・プロセスについていったん棚上げし、各関係者の「譲れない究極の目的」に立ち返って基本的・根源的な方針・方向性を再確認して、あらためて合意形成する

②具体的方法・プロセスの再設定
コンサルなど専門家の意見を軸に具体的な方法・プロセスを「客観的」に再検討し、プランBなどと併せて具体的方法・プロセスを再設定する

③具体的方法・プロセスの適宜修正・見直し
事業性評価、基本計画・アクションプランの策定・実施、モニタリングを進めるなかで、適宜具体的な方法・プロセスの修正・見直しやプランBなどへの切り替えを行う

図表4-9 アジャイル的な事業性評価などの推進

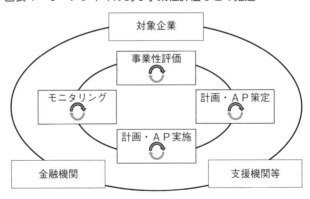

いて「設計→プログラム構築→テスト」という一連の工程を反復して、試行錯誤を繰り返しながら開発を進めるものです。

「事業性評価→基本計画・アクションプランの策定→アクションプランなどの実施→モニタリング」の各プロセスにおいてPDCAを徹底し、当初のやり方に固執することなく試行錯誤を繰り返しながら改善・リファインを進めていく。進め方に確信がもてない場合はアジャイル的な手法を導入し、状況に応じ内容・方法・工程・スケジュールなどを柔軟に変更して、究極の目的の達成に邁進するのがよいでしょう。

このような「面倒くさいプロセス」を経なければ、納得感の高い合意形成を導き出せないと肝に銘じる必要があります。以下では、関係者の思考・志向などを踏まえた説明・提案、折衝・調整の方法論について、もう少し詳しく申し上げます。

(2) 相手の琴線に触れ、思惟・思考に合致する説明・提案

琴線に触れるプレゼンを行うには、一人ひとりのキャラクターや思考・志向、合意形成の障害となるものと、その理由・背景事情をまず理解し、一定の共感を示すことが肝要です。その上で、それぞれにふさわしい説明・提案を、根拠を示しながら丁寧に行わなければなりません（図表4–10）。

例えば、固定観念・バイアスにとらわれている関係者に対しては、「イノベーションやICT・DX化の進展」「需要動向・供給構造や業界事情の変化」「顧客・社員の意識・行動の変容」といった昨今の環境変化について丁寧に説明します。そして、これまでの見方・考え方が、一般的に通用しなくなっているこ

図表4−10　多様な関係者への丁寧な説明・提案

主な障害	説明・提案等
固定観念、バイアス ・自身の信念・固定観念に行動が縛られる ・偏見・先入観や直感に基づいて非合理な考察・判断を行う ・自分にとって都合のよい情報だけを集め偏向的な考察・判断を行う	【共感・理解】 ・固定観念などの内容、理由・背景事情を認識し、一定の共感・理解を示すとともに、こだわり・重視することを把握する 【説明・提案】 ・イノベーションやICT・DX化の進展、顧客・社員・取引先の意識・行動の変容などを理解してもらい、新たな発想で取り組むべき課題などを検討するよう提案する
恣意的、独善的 ・考察・判断が恣意的・独善的で結論ありきや我田引水になりがちである	【共感・理解】 ・恣意性などの理由・背景事情を認識し、一定の共感・理解を示すとともに、こだわり・重視することを把握する 【説明・提案】 ・他の関係者の意向や考え方や共存共栄の重要性を説明し、Win-Winの取組みなどを検討するよう提案する
保守的、前例踏襲、消極的 ・変化を嫌い、現状維持にこだわり、考察や判断が保守的になる ・過去の成功体験や成功例を過信・過剰評価し、失敗体験・失敗例を過度に嫌忌し、考察・判断がそれにとらわれる	【共感・理解】 ・保守的・消極的な理由・背景事情を認識し、一定の共感・理解を示すとともに、こだわり・重視することを把握する 【説明・提案】 ・イノベーションやICT・DX化の進展、顧客・社員・取引先の意識・行動の変容などを理解してもらい、新たな発想で取り組むべき課題などを検討するよう提案する
野心的、放漫・無謀、自信過剰 ・変革・拡大を好み、現実的・客観的な考察・判断ができない ・思考・行動が放漫、無謀で、自己管理・制御がおろそかになる ・根拠のない過剰な自信が思考・行動を支配し、現実的・客観的な判断ができない	【共感・理解】 ・過度に野心的、自信過剰、放漫・無謀な理由・背景事情を認識し、一定の共感・理解を示すとともに、こだわり・重視することを把握する 【説明・提案】 ・過度に野心的であったり、自信過剰であったり、放漫・無謀なことによる弊害や事業継続を危うくすることを理解してもらい、経営・事業方針の見直しや地道で妥当性・実現可能性の高い取組みを検討するよう提案する

とを諭し、理解を促します。

ここで重要なのは、固定観念などの排除・矯正を要請し相手の尊厳を傷つけるのではなく、「一般的な動向」として理解してもらうことです。その上で関係者のこだわり・重視することを踏まえ、取り組むべき課題や具体的対応策などを「新たな発想」で検討するよう提案することが有効です。

恣意的・独善的な関係者は、結論ありきや我田引水に考察・判断を進めがちです。それゆえこうした関係者には、他の関係者の意向・考え方や共存共栄の重要性を説明し、Win-Winの取組みなど自身にとってもメリットがある対応策を提案することが有効です。

こうした関係者は自身の恣意性などを修正しませんが、自利によって動くので、それを逆手に取って対応すべきです。

変化を嫌い現状維持にこだわったり、過去の経験や前例に拘泥したりする関係者に対しては、保守的・消極的な理由や背景事情、こだわりや重視することを把握し、その上で固定観念・バイアスにとらわれている関係者と同様の提案を行うことが肝要です。

野心的、放漫・無謀、自信過剰な関係者は、変革や事業拡大に対する盲信、根拠のない過信、慢心が思考・行動を支配します。そのため、現実的・客観的な考察・判断ができなかったり、思考・行動が粗略・無計画・身勝手で、自己管理や自己制御がおろそかになったりしがちです。

それゆえ、こうした関係者（特に経営者）に対しては、過度に野心的なことや自信過剰であったり、放漫・無謀なことに

よって様々な弊害が生じ、事業継続や協調支援が危うくなることを強く説明し、納得してもらう必要があります。

　他の関係者の場合と異なり、こうした経営者には心から改悛してもらわないと、本当に経営破綻を招いてしまいます。ここで改悛しない経営者については、交替を迫ったり、支援を打ち切ったりせざるを得ません。

　そして、経営・事業方針の見直しや地道で妥当性・実現可能性の高い取組みを検討するよう提案し、受け入れてもらわなければなりません。場合によっては、心変わりしないよう、基本計画・アクションプランの策定・実施をしっかりモニタリングすることも肝要です。

　以上、「相手の琴線に触れ、思惟・思考に合致する説明・提案」についてお話ししてきました。「ずいぶん、上から目線で偉そうだな」と感じた方も少なくないと思います。確かにだいぶ偉そうですね。当然ながら、これまでお話ししたことは他の関係者に決して開帳せず、秘策として心中にとどめなければなりません。これらの戦術や意図が相手に伝わると、本当に喧嘩になりますからね。

　しかし、以上で申し上げたことは、ほんの「とば口」にすぎません。前掲の４つのケースは抽象化されたもので、実際にはもっと複雑に絡み合っています。それゆえ、これをベースとし、様々な経験を重ねるなかで交渉に係るノウハウ・暗黙知を蓄積し、応用しなければなりません。経験豊かな上司・先輩の助けを借りながら、研鑽を積むことが大事です。

158

(3) 相手をおもんぱかり、相手の立場に立った折衝・調整

　導出された課題・具体的対応策、今後の見通しなど「論理的考察の成果（未来予想図）」に係るプレゼンテーションが完了したところで、関係者との間で折衝・調整を行い、納得感の高い合意形成を図ります（図表4－11）。

　まず、当事者間で未来予想図や協調支援に係る「メリット・デメリット」を共有します。ここでいうメリット・デメリットは、各当事者における個別のものではなく、全体的な事項や当事者に共通する事項に関するものです。

　「メリット・デメリットはどのようなものか、どんな効果・損失をもたらすか」「メリットの享受・逸失、デメリットの甘受・回避の可能性はどの程度か」といったことを明確にし、総論の合意に向け、関係者の間で共通認識を形成します。

　次に、事業性評価や金融、経営改善・事業再生に関する「各当事者の意向・方針など」を共有します。具体的には、まずメイン行などが自身の意向・方針、固有の問題点・課題に係る具体的内容、理由・背景事情を表明し、他の関係者における意向・方針などを確認して、折衝・調整すべき事項を明確にします。

　特に金融機関においては、財務状況など個別事情を抱え、金融、経営改善・再生支援に対する意向・方針や具体的な問題点・課題が異なります。合意形成を円滑に行うには、他の金融機関の意向・方針などを把握し、個別の問題解決・課題達成に向け、互いを思いやり、一緒に考えることが非常に重要です。

図表 4 −11　納得感の高い合意形成に向けた折衝・調整

実施項目	取組概要
メリット・デメリットの共有 ①メリットの明確化 ②デメリットの明確化	以下のとおり全体事項／当事者に共通する事項に係るメリット・デメリットを明確にし、共通認識を形成 ①メリットを列挙し、それぞれの具体的内容・効果、享受・逸失の可能性を明確化 ②デメリットを列挙し、それぞれの具体的内容・損失、甘受・回避の可能性を明確化
当事者間の意向・方針等の共有 ①メイン行などの意向・方針等の明示 ②他の関係者の意向・方針等の確認	以下により折衝・調整すべき事項を明確化 ①メイン行などの意向・方針、問題点・課題の内容、理由・背景事情を明示 ②他の関係者の意向・方針、問題点・課題の内容、理由・背景事情を確認
折衝・調整の実施 ①折衝・調整 ②合意形成に向けた確認・調整	以下により合意を形成し、各当事者で所要の処理を実施 ①落とし所の提示、具体的折衝・調整、痛み分けの確認（利害得失、Give & Take） ②合意形成に向けて実施すべき事項・スケジュールなどの確認・調整

　そして、最後に合意形成に向けて実施すべき事項・スケジュールなどを確認し、折衝・調整によって各論・細部の溝を埋めます。各当事者は、折衝・調整の結果を踏まえ、再生計画の承認、金融・経営改善支援の決裁などそれぞれ必要な処理を実施します。

　このプロセスでは、折衝・調整をリードするメイン行や支援機関などが中心となって落とし所を提示し、それをターゲットに当事者間で具体的折衝・調整を行います。

　特に金融機関の間で利害が対立する場合は、「一人勝ち」「一人負け」は許されず、金融機関間の「衡平性」が重視されます。それゆえ、「痛み分け」となるよう利害得失の調整、Give

＆Takeが行われ、結果的に「プロラタ」「応分の負担・分配」となるケースがほとんどです。

　ただ、メイン行など主要金融機関は対象企業の事業継続・持続的発展に対して重い責任を負っているという観点から、プロラタ以上の支援負担を求められるケースがあります。メイン行などにとっては痛し痒しで、負担だけでなく大きなリスクを負うことになります。

　しかし、金融、経営改善支援などを主導的に進め、顧客企業の事業基盤強化・収益向上が見現されれば、地域雇用の確保、地域経済の振興・活性化、自行の営業基盤強化につながります。地域金融機関には、目先の自利にとらわれず、高い意識と使命感をもって取り組んでいただきたいと思います。

5　ま　と　め

　本章の最後に、いくつか雑感を申し上げ、本書の記載を締め
くくりたいと思います。

⑴　「誰もが納得する事業性評価」の本質

　西田幾多郎は、『善の研究』で、以下のことも述べています。

　「理は決して我々の主観的空想ではない、理は万人に共通な
るのみならず、また実に客観的実在がこれに由りて成立する原
理である。動かすべからざる真理は、常に我々の主観的自己を
没し客観的となるに由って得らるるのである」

　「宇宙にはただ一つの実在のみ存在するのである。而してこ
の唯一実在はかつていったように、一方においては無限の対立
衝突であると共に、一方においては無限の統一である、一言に
ていえば独立自全なる無限の活動である。この無限なる活動の
根本をば我々はこれを神と名づけるのである。神とは決してこ
の実在の外に超越せる者ではない、実在の根柢が直に神であ
る。主観客観の区別を没し、精神と自然とを合一した者が神で
ある」

　これら西田の言及が真を穿つものと捉え事業性評価に当ては
めてみると、以下のことがいえそうです（図表 4 −12）。

　「真理（＝真なる事業性評価）は主観的自己（＝主観的な事業性
評価）を没し、客観的なもの（＝誰もが納得する事業性評価）に
なることによって得られる」

第4章 | 理想的な事業性評価〜「誰もが納得する事業性評価」の実践〜

図表4－12　誰もが納得する事業性評価＝真なる事業性評価

「真理」は「主観的自己」を没し、「客観的なもの」になることによって得られる

「真理」＝「真なる事業性評価」
「主観的自己」＝「主観的な事業性評価」
「客観的なもの」＝「誰もが納得する事業性評価」

「真なる事業性評価」は「主観的な事業性評価」を没し、「誰もが納得する事業性評価」になることによって得られる

主観客観の区別を没し、「精神」と「自然」とを合一したものが「神」である

「精神」＝「主観的な評価」
「自然」＝「客観的な真相」
「神」＝「真理、真なる事業性評価」

主観客観の区別を没し、「主観的な評価」と「客観的な真相」とを合一したものが「真理＝真なる事業性評価」である

「絶対的に正しい事業性評価」
＝「あらゆる企業について、いかなる環境下にあっても、普遍的に適用できる事業性評価」

　「主観客観の区別を没し、精神（＝主観的な評価）と自然（＝客観的な真相）とを合一したものが神（＝真理）である。すなわち、「誰もが納得する事業性評価」こそ「神が担う真なる事業性評価」（＝真理に基づく事業性評価）である」

　本章冒頭で「私たちは、いわゆる神様ではないので、絶対的に正しい事業性評価はできない」とお話ししました。改めて「絶対的に正しい事業性評価」について考えてみます。「絶対的に正しい事業性評価」とは、「あらゆる企業について、いかな

163

る環境下にあっても、普遍的に適用できる事業性評価」のこと
です。ただ外部環境はめまぐるしく変化し、個別企業の業種・
業態、経営・企業活動は千差万別です。したがって、普遍的な
事業性評価は不可能といわざるをえません。「企業は必ず滅ぶ」
という普遍的評価しかできません。「絶対的に正しい事業性評
価」ができない理由は、「私たちが、いわゆる神様ではないか
ら」というより、そもそも普遍的な事業性評価など絵空事にす
ぎず、「実際には存在し得ないから」です。私が演繹的なアプ
ローチを否定する由縁です。

　ただ、「誰もが納得する事業性評価」こそ「神が担う真の事
業性評価（＝真理に基づく事業性評価)」だとすると、私たちが
行うべき理想的な事業性評価は、「誰もが納得する事業性評価」
であるといえます。

⑵　「客観性」の本質

　さらに『善の研究』の記述を紹介します。

　「現今科学の趨勢はできるだけ客観的ならんことをつとめて
いる。それで心理現象は生理的に、生理現象は化学的に、化学
現象は物理的に、物理現象は機械的に説明せねばならぬことと
なる。此の如き説明の基礎となる純機械的説明とはいかなる者
であるか。純物質とは全く我々の経験のできない実在である、
苟もこれについて何らかの経験のできうる者ならば、意識現象
として我々の意識の上に現れ来る者でなければならぬ。然るに
意識の事実として現れきたる者は尽く主観的であって、純客観
的なる物質とはいわれない、純物質というのは何らの捕捉すべ

き積極的性質もない、単に空間時間運動という如き純数量的性質のみを有する者で、数学上の概念の如く全く抽象的概念にすぎないのである」

以上の言及によると、「物質自体に積極的性質がなく、意識現象により主観的な事実として把握されなければ、物質の実在は確認されない」ということになります。しかし私たちは、事業性評価において「客観的な真相」を確認しなければなりません。どうすればよいのでしょうか。

ここで「客観」について考えてみます（図表4-13）。

『広辞苑（第7版）』によると、「客観」は「主観の認識ないし行動においてその行動の対象となるもの、主観の作用とは独立に存在すると考えられたもの」とされ、「主観」とは二項対立するものと捉えられています。また「客観的」は「特定の個人的主観の考えや評価から独立して、普遍性をもっていること」とされています。西田の概念と真っ向対立ですね。

図表4-13　客観性とは

【西田幾多郎『善の研究』】
「純物質とは全く我々の経験のできない実在である」
「何らかの経験のできうる者は尽く主観的であって、純客観的なる物質とはいわれない」
「純物質というのは何らの捕捉すべき積極的性質もない、（中略）全く抽象的概念にすぎない」

【西田幾多郎『善の研究』】
「我々は意識現象と物体現象と二種の経験的事実があるように考えているが、その実はただ一種のみである。即ち意識現象あるのみである。物体現象というのはその中で各人に共通で不変的関係を有するものを抽象したのに過ぎない」
「意識現象の不変的結合というのが根本的事実」

【広辞苑（第7版）】
「客観：主観の認識ないし行動においてその対象となるもの、主観の作用とは独立に存在すると考えられたもの」
「客観的：特定の個人的主観の考えや評価から独立して、普遍性をもっていること」

・客観は、複数の主観に共通するものを統合・抽象化したもの
・「事実・真相を客観的に捉え、論理的考察を客観的に行う」というのは、「複数の事実・真相の把握、複数の論理的考察をすり合わせ、共通するものを統合・抽象化すること」

ただ、「客観的なもの」は本当に実在するのでしょうか。客観の主語は「客体」ですが、客体は抽象的な概念にすぎず、具体的な存在ではありません。したがって、客観を「主観と対立するもの、主観から独立するもの」として捉えるのではなく、客観は「複数の主観に共通するものを統合・抽象化したもの」と捉えるのが妥当と考えられます。

本章冒頭で紹介したとおり、西田も「物体現象というのはその中で各人に共通で不変的関係を有する者を抽象したのにすぎない」としています。また先ほど、「主観客観の区別を没し、精神（＝主観的な評価）と自然（＝客観的な真相）を合一したものが神（＝真理）である」と申し上げました。

すなわち、「事実・真相を客観的に捉え、論理的考察を客観的に行う」というのは、「複数の事実・真相の把握、複数の論理的考察をすり合わせ、共通するものを統合・抽象化すること」と捉えるべきでしょう。

「すり合わせを行い、共通するものを統合・抽象化する」という作業は、まさに「誰もが納得する想像（事業性評価)」を導き出すものです。理想的な事業性評価は、関係者が「共想・共創」する「客観的な事業性評価」であるといえます。

⑶ 「強い信頼関係の構築」の本質

仏教学者の鎌田茂雄が著した『仏陀の観たもの』（講談社学術文庫、1977年）の一節に、以下の記載があります。

「仏教で自己完成の道を説くのが八正道であるのに対して、社会的実践を説くのが四摂法である。四摂法とは社会生活上、

人間として欠くことができない四つの徳目で、人間関係の基本としてなければならない態度をいう」

「鎌倉時代の高僧、明恵上人は（中略）「これが則ち菩薩の布施、愛語、利行、同事の四摂法行と云て、菩薩の諸位に偏して、初後の位に通じたる行にてあるなり」（「明恵上人遺訓」）といっている。（中略）⑴布施とは真理を教えること（法施）、財を施すこと（財施）、⑵愛語とはやさしいことばをかけること、⑶利行とは善い行ないによって人々に利益を与えること、⑷同事とは相手の立場になってやること、協同して仕事をすることである」

「抹香臭い」と毛嫌いする方や、不愉快に思われる方もいると思いますが、この「四摂法」は、大乗仏教の教えながら、日本人にとってなじみ深い道徳であると考えます。

私見ですが、この四摂法は「誰もが納得する事業性評価」、特に「ステークホルダーとの強い信頼関係の構築」や「ステークホルダーとのコミュニケーション戦略」との親和性が高く、符合する点が多いと感じます。「利行」「同事」については完全にマッチしていますね（図表4−14）。

利行は、自分のことよりも他人の幸福を願い他人に利益を与える「利他」と通じるものがあります。

誰もが納得する事業性評価などにおいては、関係者間の利害調整、納得感の高い合意形成が不可欠になりますが、ベースに関係者間の強い信頼関係がなければなりません。信頼関係を築くには、Win-Win・共存共栄の取組みにより、利害の共有を重ねることが不可欠です。互いに「三毒（貪り、怒り、愚かさ）」

図表４－14　四摂法による「強い信頼関係の構築」

四摂法	概　要	「関係者との強い信頼関係」との親和性
布施	真理を教えること（法施）、財を施すこと（財施）	・「誰もが納得する事業性評価」を通じて取り組むべき課題・具体的対応策などを抽出し、事業継続・持続的発展への道筋が示される ・金融支援、経営改善・再生支援により事業基盤強化、収益向上などがもたらされる
愛語	優しい言葉をかけること	・「誰もが納得する事業性評価」や経営改善・再生支援を通じて指導助言が行われる
利行	善い行いによって人々に利益を与えること（利他）	・「誰もが納得する事業性評価」や金融支援、経営改善・再生支援により、対象企業や地域経済の振興・発展がもたらされる
同事	相手の立場になってやること、協同して仕事をすること	・「関係者とのコミュニケーション」において、相手をおもんぱかり、相手の立場に立った折衝が行われる ・他の金融機関・支援機関との協調・連携によって対象企業や地域経済の振興・発展がもたらされる

を克服し、「囚人のジレンマ」を乗り越え、利行・利他の実践によって「最大多数の最大幸福」「パレート最適」「三方よし」を実現しなければなりません。

　Win-Win・共存共栄は、「一人勝ち」「一人負け」では実現されません。目の前の一戦あるいは短期決戦に一人勝ちしても、他の関係者との間で遺恨を残し、信頼関係が毀損されれば、長期的には利益を享受できません。各関係者は、切磋琢磨しつつ相互に協調・連携しながら、一体的に地域経済の振興・発展を支えています。利行・利他を推進し、相乗効果を創出することによって、関係者間の信頼関係をいっそう強固なものとし、地域全体の発展を図らなければなりません（図表４－15）。

　また、強い信頼関係を構築・維持しWin-Win・共存共栄を実現するためには、相手の立場になって協同して仕事をする

図表4-15 利行・同事の実践

「同事」も不可欠です。

　前項において「相手の琴線に触れ、思惟・思考に合致する説明・提案」「相手をおもんぱかり、相手の立場に立った折衝・調整」を実践することが重要と申し上げました。誰もが納得する事業性評価などは、全ての関係者による協同作業であり、こうした「共創」を円滑・着実に進めていくためには、同事の取組みが重要かつ有効といえます。

　思考・志向、知見・スキル、過去の経験などが一様な関係者の集団では「事実・真相を客観的に捉え、論理的考察を客観的に行う」ことができません。「誰もが納得する客観的な事業性評価」を実現するためには、多様な関係者がそろうこと。そして「複数の事実・真相の把握、複数の論理的考察をすり合わせ、共通するものを統合・抽象化する」作業を行うことが不可欠です。

　ただ、多様な関係者が協同作業を行う場合、意見の対立など

によって論理的考察や協議、折衝・調整が円滑・着実に進まないことがあります。それゆえ、相手をおもんぱかり、相手の立場に立って、協同で作業を実施することが、誰もが納得する事業性評価などには欠かせません。

　鎌田が指摘するように、四摂法は「社会生活上、人間として欠くことができない四つの徳目で、人間関係の基本としなければならない態度」です。また、本章第1項で申し上げたとおり、誰もが納得する事業性評価を円滑・着実に進めていくためには、「誰もが納得するような想像力」と「ステークホルダーとの強い信頼関係」が不可欠で、とりわけヒューマンスキルに磨きをかけ、人間関係を強化していかなければなりません。

　仏の教えを信奉しなくても、四摂法の考え方やエッセンスを採り入れ、誰もが納得する事業性評価に取り組んでいくことが肝要と考えます。思想・信条にこだわりのない方は、参考にしてください。

⑷ 「AIによる事業性評価」の本質

　第3章などでAIを活用した事業性評価の可能性についてお話ししましたが、あらためて「AI単独で誰もが納得する事業性評価を実現できるか」について考察してみたいと思います（図表4 −16）。

　AIはインターネット上のビッグデータなどを学習するとともに、センサーで検知・計測されたアナログ情報をデジタルデータに変換し、当該データの解析によって言語処理、画像認識、データ抽出・処理などを行うツールです。近年、生成AIの

第4章 | 理想的な事業性評価～「誰もが納得する事業性評価」の実践～

図表4－16 AIによる「誰もが納得する想像（事業性評価）」

要求仕様		AIの可能性	可否
誰もが納得する想像をする	①事実・真相の見極め	○提出された決算書、社内管理資料などにより財務分析、定量的な企業活動分析を行い、財務上の問題点などの抽出、根本原因や真相に係る仮説の設定を適切に行うことができる ●定性的な企業活動分析によって経営・企業活動上の問題点などが抽出されるが、根拠・エビデンスを明確にできない	△
	②論理的思考による課題などの抽出	○人が特定した情報・データを学習し、環境変化の分析、取り組むべき課題・具体的対応策の検討、妥当性・実現可能性の評価、今後の見通しの検討、事業性評価などに係るレポートの作成に必要な材料を生成することができる ●不特定の情報・データに基づいた分析・検討・評価の結果について、根拠・エビデンスを明確にできない。したがって、作成されたレポートも採用できない	△
	③ステークホルダーとのコミュニケーション	●経営者、金融機関内、他の金融機関・支援機関との信頼関係が築けず、円滑・緊密なコミュニケーション（説明・提案、折衝・調整）が困難なため、納得感の高い合意形成ができない	×
強い信頼関係を築く	①経営者との信頼関係	●AIとの円滑・緊密なコミュニケーションができず、根拠・エビデンスや方法・プロセスが示されない分析・検討・評価に納得できないため、信頼関係を構築することができない	×
	②金融機関内の信頼関係	○情報・データ源が明確な生成物については、判断材料として採用できる ●根拠・エビデンスが示されない分析・検討・評価に納得できないため、信頼関係を構築することができない	△
	③他の金融機関・支援機関との信頼関係	●AIとの円滑・緊密なコミュニケーションができず、根拠・エビデンスや方法・プロセスが示されない分析・検討・評価に納得できないため、信頼関係を構築することができない	×

171

登場・進化など急速に機能・性能が強化・拡充されていることから、金融機関においても審査を含め様々な業務への適用が検討され、試行・実用化が進められています。

ただ、現状においては以下のような問題があり、事業性評価や経営改善・再生支援への適用には限界があるといわざるをえません。

① 学習・収集した情報・データは精粗まちまちで、信憑性・正確さ・真正さが担保されない

② 情報・データなどは根拠・エビデンスが明確にされない

③ 分析・検討・評価の方法やプロセスが明確にされない

④ 緊密・円滑なコミュニケーションができずステークホルダーとの間で信頼関係を構築することが難しい

AIは検知・計測された情報・データとともに、インターネット上のビッグデータなどを学習し、各種処理のベースとします。しかし、インターネット上の情報・データには具体性が乏しく曖昧なもの、信憑性や正確さ、真正さに疑義・問題があるものが多数含まれます。しかも、情報・データの真偽を自動的・機械的に見極めることは困難です。それゆえ、このような情報・データを事業性評価のベースとした場合、分析・検討・評価の結果に対する信頼・信用は低下してしまいます。

また、AIは「ブラックボックス」のなかで分析・検討・評価、処理が行われます。そのため、対象とする情報・データやアルゴリズムを特定し、分析などを制御しない限り、情報・データの根拠・エビデンスや分析などの具体的方法・プロセスが明確にされません。根拠やプロセスが明確にならなければ、

第4章 │ 理想的な事業性評価〜「誰もが納得する事業性評価」の実践〜

AIが生成したアウトプットの検証ができず、信憑性や確からしさに関する疑念が払拭されません。

さらに、経営者、他の金融機関・支援機関との間や金融機関内でのコミュニケーションに関しても問題があります。

「そもそも機械・ツールと心を通わせることはできないし、AIに委ねると関係者とのコミュニケーションが疎遠になるのではないか」と考える関係者が、ほとんどだと想定されます。しかも根拠・エビデンスや経緯・背景事情などが明確にされないため、説明・提案に説得力がなく、折衝・調整においても疑心暗鬼になります。「だって、人間だもの！」

こうしたことを踏まえると、AIと関係者の間で信頼関係を構築することはまず不可能で、納得感の高い合意形成を図ることなどまったく望めません。

かなり辛口の評価になりましたが、現状の機能・性能では「AI単独で誰もが納得する事業性評価を行うこと」は不可能といわざるをえません。

では将来、AIが飛躍的に進化すればどうなるでしょうか。

例えば、情報・データのスクリーニングや根拠・エビデンスの取得機能・性能が強化され、情報・データの信憑性などが高まれば、①・②の問題は解消されるかもしれません。

アルゴリズムのホワイトボックス化などが進展し、分析・検討・評価の方法やプロセスが明確化されれば、③の問題は解消されるかもしれません。また、コミュニケーション機能が飛躍的に高まり、利行・同事の機能さえ具備し、相手をおもんぱかり、相手の立場に立って説明・提案、折衝・調整ができるよう

173

になれば、④の問題も解消されるでしょう。

　では、そこまでAIが進化すれば、「AI単独で誰もが納得する事業性評価を行うこと」は可能になるのでしょうか？

　私は、希望を込めて「否！」と断言します。なぜなら、どこまで進化しても、AIは機械・ツールであり、「真のヒューマンスキル」を血肉化できず、人に置き換わることができないと確信するからです。「だって、AIだもの！」

　完全なるシンギュラリティが実現され、経済活動から人が完全に駆逐されて、AIだけが経済運営を行う社会になれば、話は別です。当事者・関係者がAIだけになり、複数AI間のコミュニケーションによって納得感の高い事業性評価が行われることになるでしょう。

　ただ、そのようなSFの世界になることを、人は断固として拒絶するでしょう。

　シンギュラリティが進展し、AIが自律的に進化して人の知性を上回るようになっても、人はAIが具備できない「真のヒューマンスキル」を発揮し、事業性評価などを主導する。すなわち、AIに「事実・真相の見極め」「論理的思考による取り組むべき課題などの導出」を任せつつ、人は「関係者とのコミュニケーションによる納得感の高い合意形成」に専念する。そのような関係・役割分担になると考えます。

　経営・事業運営を行うのも、事業継続・持続的発展に向けて経営改革・改善を推進するのも、事業性評価を行い金融支援、経営改善・再生支援を進めるのも、こうした取組みの最終責任を負うのも、全て人です。そうしたなかで、事業性評価などを

第4章 ｜ 理想的な事業性評価～「誰もが納得する事業性評価」の実践～

AIに全面的に委ねることはあり得ません。あってはなりません。

　以上を踏まえれば、誰もが納得する事業性評価などの実践に最も必要なことは、「真のヒューマンスキル」を習得し、磨きをかけること。間違いなくこうした結論に帰着します。

⑸　「企業経営センシング」の本質

　「今さら、なぜ？」と思われるかもしれませんが、「企業経営センシング」という私の造語の意味について、あらためてお話したいと思います。

　センシング（Sensing）とは、「センサーを利用して情報を計測し数値化すること」で、①センサーによるアナログ情報の計測と、②計測されたアナログ情報のデジタル化（データ化）の2つのプロセスによって構成されます。

　例えばハイスピードカメラは、①レンズを介して高速度で撮影される対象物の画像情報を精密・正確に収集し、②光学的に収集された画像情報をイメージセンサーや画像解析ソフトにより高解像度で解析してデジタル情報に変換します。

　これを事業性評価になぞらえると、①は提出された資料の分析、実地調査、経営者との対話、関係者へのヒアリングにより事実を正確に把握すること、②は把握した事実から真相を見極め、論理的思考によって取り組むべき課題などを導出し、今後の見通しを可視化すること、といえます。

　したがって「企業経営センシング」は、「誰もが納得する事業性評価」における第1プロセス「事実・真相の見極め」、第

175

２プロセス「論理的思考による課題の導出など」に該当します。

①　事実の正確な把握

企業経営センシングを適切に行うには対象企業の実態を正確に把握しなければなりません。

ハイスピードカメラの高性能レンズは、素材となる高品質な光学ガラスの切り出し、研削／精密研磨／芯出し（光軸の整形）などの工程により製造されます。ハイスピードカメラは１秒間に30コマ以上の高速度撮影を行うため、瞬時にできるだけ多くの光学情報を正確・精密に収集することが求められます。それゆえレンズは、高い透明度・組成の均質性、ミクロンレベルの精度や歪みの排除、光軸の形成などを実現しなければなりません。

企業経営センシングにおける「正確な事実の把握」についても同様です。提出された資料の分析、実地調査、経営者との対話や関係者へのヒアリングを的確に行い、経営・企業活動上の問題点などを正確に把握することが求められます。

そうしたタスクを円滑・着実に遂行するには、レンズの高精密研磨／芯出しのように、テクニカルスキルに「磨き」をかけ、経営・企業活動上の問題点などを見極める「眼」を養わなければなりません。

また、透明度が高く歪みのないレンズのように、固定観念やバイアスなどを払拭し、客観性の高い分析・検討などを行わなければなりません。

「正確な事実の把握」が着実に行われないと、その後の分

析・評価や論理的考察が的外れになったり、誤謬を招いたりするため、厳正・実直に実施することが肝要です。

② 真相の見極め／論理的考察

ハイスピードカメラにおいては、レンズを介して収集された画像のアナログ情報をイメージセンサーによって電気信号に変換（デジタル化）し、画像解析ソフトにより画像データの解析、処理・編集を行って、高解像度の画像データを生成します。

1秒間の画像情報を30コマ以上に分割すると、1コマ当たりの情報量は30分の1以下になり、アナログ情報のままだと非常に粗く不鮮明な画像になってしまいます。そこで、収集されたアナログ情報を可能な限り高精密にデジタルデータに変換し、当該データを高解像度で解析します。その上でデータが不足したり、不明確であったりする部分の補正処理・編集を行い、画像の鮮明度を上げます。

企業経営センシングの「真相の見極め／論理的考察」においては、企業活動・環境変化の分析／クロスSWOT分析により今後の機会・脅威／強み・弱みの抽出、取り組むべき課題や具体的対応策の導出を行います。そして、妥当性・実現可能性を評価し、今後の収支・資金繰り見通しなどを明確にして、経営改善計画など未来予想図を可視化します。

こうした「真相の見極め／論理的考察」において重要なのは、前工程と同様、固定観念やバイアスを払拭するとともに恣意性・独善性を排除し、高い客観性を確保することです。すなわち、ハイスピードカメラにおけるイメージセンサー／画像解析ソフトのように、把握された事実のピースを統合・抽象化し

て真相を見極め、バイアス／恣意性などを排除した分析・評価／論理的考察により「誰もが納得する未来予想図」を生成することが肝要です。

　同一の事実・事象であっても、それを捉える人の主観によって認識が異なることがあります。しかし、複数の人の認識を持ち寄り、協議・止揚することにより、あるいは事実・事象の捉え方や認識方法を形式知化／標準化することにより、客観性の高い共通認識を形成することができます。

　解像度・鮮明度が高く、誰もが納得する未来予想図を構想するためには、できるだけデジタル化された方法により、システマティックに真相の見極め／論理的考察を行うことが有効です。

　「得がたい経験のなかで培ってきた事業性評価、経営改善・再生支援に関する知見・ノウハウを可視化して、金融機関・支援機関や中小企業経営者の方々などにお伝えし、地域経済の振興・発展の参考にしていただきたい」。本書は、こうした趣旨で執筆してきました。誰もが納得する事業性評価の第１・第２プロセスに関しては、ある程度可視化・形式知化できたかなと感じています。

　しかし、第３プロセス「関係者とのコミュニケーション、納得感の高い合意形成」の可視化／形式知化に関する言及としては、十分とはいえません。「恥ずかしながら」ですが、以下、長々と言い訳をしたいと思います。

　「関係者とのコミュニケーションのあり方、納得感の高い合意形成のメソッド。これらを可視化・形式知化し、標準化する

ことは困難だ」。本書を書き始めて、そのことにあらためて気がつきました。

　具体的には、コミュニケーションのフレームや手順、基本的な方法論は可視化・標準化できても、私の経験知・ノウハウの個々のピースは、どうしても形式知化・標準化できませんでした。

　そもそも一人ひとりのキャラクターなどに基づき、それぞれにふさわしい「コミュニケーションのやり方」がある。それゆえ、形式知化・標準化できないし、すべきでもない。

　こんなプリミティブなことに気づかず、いろいろ試行錯誤を重ねましたが、やはり無理でした。

　そして、途中から発想を変えました。題名は「企業経営センシング」としつつ、逆説的に「やっぱ人間力だよね」という結論にしよう。

　第3プロセスは、誰もが納得する事業性評価などを完成させる重要な取組みです。しかし、企業経営センシングによって事実の正確な把握／真相の見極め・論理的考察が適切に行われないと、顧客企業の事業継続・持続的発展の蓋然性を見極めることができません。見極めができなければ、肝心の第3プロセスに至りません。

　したがって、本書では可視化・形式知化／標準化が可能な第1・第2プロセスを主題とし、読者の方々の専門スキル／企画構想力の向上や組織的な業務変革などにつなげてもらおう。

　第3プロセスは形式化・標準化が難しいが、第1・第2プロセスと同等以上に重要なので、とりあえずフレームや手順、基

本的な方法論を披露し、ヒューマンスキル向上に向けた問題提起をしよう。

そして特に若手の方々には、それらを参考にしつつ、一人ひとりに合った「コミュニケーションのメソッド」を築いてもらい、説明・提案／折衝・調整に係る「ノウハウ」を練り上げ、「真のヒューマンスキル」を血肉化してもらおう。そうしなければ、将来、AIに仕事を奪われてしまうから。

こうした想いで「企業経営センシング」という題名にした次第です。

「金融機関は、人間の体になぞらえれば循環器系である」と、私は考えます。

循環器系は自律神経によって制御され、「バイアスや恣意、独善的な意思に左右されることなく、どんな時にも必要十分な血液を整然と全身に供給し、生命維持や日常活動を支える」という重大な役割を担っています。

すなわち、外部環境や体内環境の変化に応じ、骨髄などで生成された血液を心臓・血管などによって無意識かつシステマティックに全身にめぐらせ、酸素・栄養分の供給、二酸化炭素・老廃物の運搬などを淡々と行います。循環器系のこうした働きによって、日常活動や身体の形成・保全、新陳代謝が円滑に行われます。

また、血管が破れ出血が起これば、血小板によって患部を塞いで止血を行い、ウイルス感染などで病気が発症すれば、白血球などによって病原を排除します。循環器系は、人体の危機を

放置することなく、自律的に修復・治療を行い、全身への酸素・栄養分の供給などを継続します。

そして、心臓が拍動を止め、全身に血液などが供給されなくなれば、全身の細胞が活動・新陳代謝できなくなり、やがて人体は死に至ります。

このように生命の維持や全身の活動を支える循環器系と、地域経済（人体）を構成する企業（器官・筋肉・細胞）に資金（血液／酵素・栄養）を供給し、企業活動や地域経済の維持・発展を支える金融機関は、多くの点で符合しているといえます。

それゆえ、金融機関には循環器系と同様の振る舞いが求められ、いかなる環境下にあっても、迅速・円滑に資金を供給し、顧客企業の事業継続・持続的発展を支えなければなりません。

みなさんが果たさなければならない使命、地域経済から期待されている役割は、みなさんが想像する以上に重く、大きいものです。わが国経済を支えているのは、金融機関の方々といっても過言ではありません。

金融マンは、こうしたことを肝に銘じ、プロフェッショナルとしての矜持をもち、優れたドクターのように目の前の企業に寄り添い、タスクをこなしていかなければなりません。

いやあ、ちょっと圧をかけ過ぎましたね。でも安心してください。私（もそうでしたが）、（少しくらい）失敗し（ても、周りがカバーして大事に至ら）ないので。

■ 著者略歴 ■

鋸屋　弘（おがや　ひろし）

1988年中小企業金融公庫入庫。支店（3か所）、旧通商産業省（出向）、総務部、総合研究所、統合準備室を経て、2010年企画部システム企画課長。その後、東京支店中小企業営一事業副事業統轄、浜松支店長、ITプランニングオフィスマネージャー、企業支援部長、さいたま企業サポート室長、東京企業サポート第一室長を歴任し、2024年5月日本政策金融公庫を退職。
著書『金融機関が行う経営改善支援マニュアル（第3版）』（2019年）
　　『金融機関が行う事業継続力強化支援マニュアル』（2021年）
　　（いずれも、日本政策金融公庫中小企業事業本部企業支援部による共著、金融財政事情研究会刊）

KINZAIバリュー叢書L
企業経営センシング

2025年3月31日　第1刷発行

著　者	鋸　屋		弘	
発行者	加　藤	一	浩	

〒160-8519　東京都新宿区南元町19
発　　行　　所　**一般社団法人 金融財政事情研究会**
　　　　編　集　部　TEL 03(3355)1721　FAX 03(3355)3763
　　　　販売受付　TEL 03(3358)2891　FAX 03(3358)0037
　　　　　　　　　　URL https://www.kinzai.jp/

DTP・校正：株式会社友人社／印刷：三松堂株式会社

・本書の内容の一部あるいは全部を無断で複写・複製・転訳載すること、および磁気または光記録媒体、コンピュータネットワーク上等へ入力することは、法律で認められた場合を除き、著作者および出版社の権利の侵害となります。
・落丁・乱丁本はお取替えいたします。定価はカバーに表示してあります。

ISBN978-4-322-14517-5

創刊の辞

2011年3月、「KINZAI バリュー叢書」は創刊された。ワンテーマ・ワンブックスにこだわり、実務書より読みやすいが新書ほど軽くないをコンセプトに、現代をわかりやすく切り取り、かゆいところに手が届く、丁度いい「知識サイズ」に仕立てた。

ニュース解説に留まらず物事を「深掘り」した結果、バリュー叢書は好評を博し、間もなく第一作の「矜持あるひとびと」から数えて刊行100冊を迎える。読者諸氏のご愛顧の賜物である。

バリュー叢書に通底する理念は不易流行である。「金融」「経営」などのあらゆるジャンルに果敢に挑戦しながら、「不易」―変わらないもの―と「流行」―変わるもの―とをバランスよく世に問うことである。本叢書シリーズは決して色褪せない。それはすなわち、斯界の第一線実務家や研究者が現代を切り取り、コンパクトにまとめ、時代時代の先進的なテーマを鮮やかに一冊に落とし込んでいるからだ。次代に語り継ぐべき大切な「教養」や「斬新な視点」、「魅力溢れる人間力」が手本なき未来をさまようビジネスパーソンの羅針盤になっているものと確信している。

2022年12月、新たに「Legal」を加え、12年振りに「バリュー叢書L」を創刊する。不易流行は変わらずに、いま気になることがすぐにわかる内容となっている。第一線実務家や研究者はもとより、立案担当者や制度設計に携わったプロ達も執筆陣に迎えている。

新シリーズもまた、混迷の時代、先が見通せないと悩みながら「いま」を生き抜くビジネスパーソンの羅針盤であり続けたい。

　　　　　　　　　　　　　　　　　　加藤　一浩